Les mutations contemporaines du bloc communal

Collection « Droit des collectivités territoriales »
fondée et dirigée par Bernard Poujade et Xavier Cabannes

Dernières parutions

Damien FOURNET, *Le droit privé dans la fonction publique territoriale, Observations depuis le Centre de gestion de la Gironde*, 2023.
Sébastien SAUNIER (dir.), *Métropolisation et grands ensembles urbains,* 2023.
Arnaud DURANTHON (dir.), *Peut-on encore définir la collectivité territoriale ?,* 2023.
Benjamin TENDRON, *Les pôles d'équilibre territoriaux et ruraux et la « politique de pays »*, 2022.
Pauline TÜRK (dir.), *Pour un droit constitutionnel des collectivités territoriales. Évolutions et débats*, 2020.
Marie JAN, *L'égalité professionnelle dans la fonction publique territoriale. L'exemple de la Région Nouvelle-Aquitaine*, 2020.
Jean-Christophe CERVANTES, *Le principe d'unité des catégories de collectivités territoriales en question,* 2019.
Carole CHEVILLEY-HIVER, Matthieu HOUSER et Anne MARCEAU (dir.), *Les collectivités territoriales à l'ère du numérique*, 2019.
Thierry DI MANNO et Alexis LE QUINIO (dir.), *Quelle(s) commune(s) pour le XXIe siècle ? Approche de droit comparé*, 2018.
Maylis DOUENCE (dir.), *L'exercice des compétences locales entre rationalisation et créativité*, 2018.
Apolline THIRION, *La nouvelle compétence GEMAPI, Gestion des milieux aquatiques et préventions des inondations, Quels moyens mis à disposition des collectivités territoriales pour structurer et financer cette nouvelle compétence ?*, 2018.
Jean-Marc BROU (dir.), *La dynamique de l'économie mixte dans la région Occitanie*, 2017.
Julie BENETTI (dir), *Les collectivités territoriales et le principe d'égalité*, 2016.
Mathilde MONTAUBIN, *Le référendum d'indépendance de l'Écosse*, 2016.

Thomas Machefé

Les mutations contemporaines du bloc communal

Préface de Sylvain Niquège

L'Harmattan

5-7, rue de l'École-Polytechnique, 75005 Paris

http://www.editions-harmattan.fr

ISBN : 978-2-336-47622-3
EAN : 9782336476223

Les opinions exprimées dans ce mémoire sont propres à leur auteur et ne sauraient engager l'Université de Bordeaux.

Sommaire

Sigles et abréviations

1. ADCF : Assemblée des Communautés de France
2. AJCT : Actualité juridique des collectivités territoriales
3. AJDA : Actualité juridique Droit administratif
4. AMF : Association des Maires de France
5. ATR : Administration territoriale de la République
6. BJCL : Bulletin juridique des collectivités locales
7. CAA : Cour administrative d'appel
8. CC : Conseil constitutionnel
9. CDCI : Commission départementale de coopération intercommunale
10. CE : Conseil d'État
11. CGCT : Code général des collectivités territoriales
12. DETR : Dotation d'équipement aux territoires ruraux
13. DGCL : Direction générale des collectivités locales
14. DGE : Dotation globale d'équipement
15. DGF : Dotation globale de fonctionnement
16. EPCI : Etablissement public de coopération intercommunale
17. EPCI à FP : Etablissement public de coopération intercommunale à fiscalité propre
18. IGA : Inspection générale de l'administration
19. INSEE : Institut national de la statistique et des études économiques
20. JCP A : La semaine juridique, administration et collectivités territoriales

21. LGDJ : La librairie générale de droit et de jurisprudence
22. MAPTAM : Modernisation de l'action publique territoriale et d'affirmation des métropoles
23. NOTRe : Nouvelle organisation territoriale de la République
24. QPC : Question prioritaire de constitutionnalité
25. RCT : Réforme des collectivités territoriales
26. RFAP : Revue française d'administration publique
27. RFDA : Revue française de droit administratif
28. SDCI : Schéma départemental de coopération intercommunale
29. SIVOM : Syndicat intercommunal à vocation multiples
30. SIVU : Syndicat intercommunal à vocation unique
31. TA : Tribunal administratif

Remerciements

La rédaction de ce mémoire est l'aboutissement de cinq années de formation initiale en droit, la fin d'un cycle dense, mouvementé et passionnant. J'adresse mes premiers remerciements aux professeurs Combeau et Niquège, co-directeurs du Master Action Territoriale pour leur engagement et la gestion rigoureuse de ce cursus exigeant. Ces deux années furent très enrichissantes, elles m'ont permis d'approfondir ma culture juridique et territoriale dans un domaine que j'affectionne, grâce aux connaissances apportées et à l'enthousiasme de ses enseignants. Malgré cet intérêt pour l'action publique locale et le droit des collectivités territoriales, s'engager vers la voie de la recherche ne relevait pas de l'évidence.

Je tiens à remercier sincèrement mon directeur de mémoire (aujourd'hui directeur de thèse) le professeur Sylvain Niquège d'avoir accepté d'encadrer ces recherches. Ses conseils avisés et sa disponibilité m'ont permis de faire face aux nombreuses interrogations qui ont jalonné ce travail.

Je souhaite exprimer ma profonde gratitude à l'Association française de droit des collectivités locales et aux membres du jury pour l'attribution du prix de mémoire 2023. Je suis très honoré et heureux d'être distingué par cette association de référence en la matière.

À tous ceux qui ont participé à la fastidieuse tâche de la relecture, particulièrement Monique et Livio, je veux vous exprimer ma reconnaissance pour cette aide inestimable.

Enfin, mes derniers remerciements s'adressent à ma famille, ainsi qu'à mes amis, notamment Marco et Antoine pour leurs encouragements et leur précieux soutien apporté durant cette année particulière. Merci à vous tous.

Préface

La figure du *bloc* est régulièrement mobilisée en droit public. On pense au *bloc de constitutionnalité*, qui renvoie à l'ensemble des textes auxquels est reconnue une valeur constitutionnelle, même s'ils ne font pas partie du texte de la Constitution *stricto sensu*. On peut encore mentionner la technique dite *des blocs de compétences*, visant à faire relever d'un unique ordre de juridictions des situations qui, à suivre les modalités usuelles de répartition des compétences, devraient être réparties entre les deux ordres de juridictions. Dans les deux cas, la figure du *bloc* exprime l'unité, la solidité, la netteté. En réalité, elle ne vise qu'à contrebalancer, au bénéfice d'une image évocatrice, la réunion plus ou moins contre-intuitive d'éléments épars. C'est que s'il faut *faire bloc*, c'est justement parce que cela ne va pas de soi. Derrière *le bloc*, il y a ainsi l'expression d'un choix, une forme de pragmatisme qui appelle à l'unité là où il y a diversité, qui conduit à vouloir réduire une complexité qui se justifie mal.

Certes, c'est à un tout autre *bloc*, en l'occurrence le *bloc communal*, que Thomas Machefé a consacré le présent mémoire, réalisé dans le cadre du master Action territoriale dont il est sorti diplômé en septembre 2023, et que l'Association française de droit des collectivités locales lui a fait l'honneur de primer. On retrouve néanmoins dans ce bloc-ci, par lequel se trouve désigné l'ensemble que forment les communes et les intercommunalités dont elles relèvent, cette même concession aux nécessités, ce mariage de raison né, en l'occurrence, d'un effet de ciseau entre un éparpillement communal qui puise ses racines loin dans l'histoire, et le renforcement progressif de compétences et d'attentes que seule une taille critique permet d'assumer. Y faire face sans pour autant renoncer à soi, voilà le défi des communes et l'origine d'une intercommunalité qui ne fut d'abord qu'un moyen d'y parvenir, *a fortiori* après l'échec de la méthode plus radicale des fusions de communes. Mais quand ce moyen se présente lui-même comme un projet, c'est l'équilibre même de la relation qui s'en trouve menacé.

Tout le mérite de Thomas Machefé est, en resituant si besoin l'intercommunalité dans le temps long de sa construction, de décliner toutes les nuances de cette relation, avec son lot d'allers-retours, de non-dits et d'ambiguïtés, en tenant compte de la diversité des structures intercommunales comme des communes elles-mêmes. Bien sûr, l'enjeu qui prédomine est celui de la commune elle-même, qui semble parfois dépassée par sa créature. Mais les communes, dans leur découpage actuel, n'ont pas dit leur dernier mot ; les réformes récentes, se rapportant notamment à la gouvernance des intercommunalités, ont prétendu les ménager, voire en conforter le poids. Et puis l'avenir *des communes* ne dit peut-être pas tout de celui de *la commune*, tant l'horizon communal reste prégnant dans les dispositifs qui, à l'instar de celui des communes nouvelles, prétendent donner aux intercommunalité un avenir communal. C'est tout ceci que Thomas Machefé met parfaitement en perspective. Il n'oublie pas non plus que l'étude des relations entre les communes et les intercommunalités implique nécessairement une réflexion sur l'État, qu'un certain discours sur la décentralisation et ses mérites n'a guère privé de la prétention de régir le local dans ses périmètres territoriaux comme dans l'exercice des compétences qu'il lui confie. Bien sûr, on pourra trouver çà et là quelques défauts à la présente recherche, peut-être de menus excès dans le choix de certaines formules. Ceux-ci ne traduisent cependant que la passion de l'auteur pour son objet d'étude, et celui qui a eu le plaisir de la diriger (le mot est bien trop fort !) n'a retiré des fruits de cette recherche que la conviction de la capacité de Thomas Machefé à mener à bien, et au mieux, le projet doctoral dans lequel il a eu l'heureuse idée de s'engager.

Sylvain Niquège
Professeur à l'université de Bordeaux
Directeur de l'Institut Léon Duguit
(UR 7439)

Introduction

L'article 72 de la Constitution du 4 octobre 1958 dispose que « les collectivités territoriales de la République sont les communes, les départements, les régions, les collectivités à statut particulier et les collectivités d'outre-mer ». A la lecture du premier article du titre XII consacré aux collectivités territoriales, le constituant ne fait aucunement référence à l'existence d'un bloc communal, tout comme le législateur dans le Code général des collectivités territoriales. Il peut paraître surprenant de faire figurer dans l'intitulé de ce sujet, une expression peu juridique. Si elle n'est pas consacrée juridiquement par les textes, elle est apparue progressivement pour devenir d'usage courant dans le débat public et la littérature juridique. Elle renvoie à une réalité territoriale et politique, faisant de ce bloc communal une spécificité administrative de notre pays. Il est caractérisé par l'existence de deux personnes morales de droit public, lesquelles constituent la base de l'organisation décentralisée de notre pays : il s'agit du premier échelon d'action publique décentralisée rencontrée par le citoyen. En son sein, on y rencontre une collectivité territoriale au sens de la Constitution de 1958 représentée par la commune et l'établissement public de coopération intercommunale, rattachée à plusieurs communes membres. Ces deux niveaux aux légitimités juridiques distinctes entretiennent des liens puissants pour offrir des services publics essentiels au quotidien de leurs administrés et à l'attractivité de leur territoire. Par conséquent, le bloc communal rend compte d'une double réalité organisationnelle et institutionnelle : « l'exercice à l'échelon intercommunal de compétences toujours plus importantes et le maintien d'un double niveau d'administration territoriale »[1], que les nombreuses réformes législatives consolident, tout en modifiant en profondeur la place de la commune dans notre organisation territoriale.

Issu du latin *communis*, ce qui est commun, la commune ne fait l'objet d'aucune définition juridique, elle est seulement consacrée par les textes. Ancrée dans l'histoire, notre quotidien, elle fait partie des phénomènes les plus évidents à tel point qu'on oublie de la définir. Fruit d'un héritage historique et d'une origine que l'on pourrait qualifier de « quasi naturelle », elle regroupe initialement à sa base des individus qui entretiennent des liens entre eux, dans un esprit de solidarité, de ce fait « elle n'est pas une entité administrative arbitraire »[2] puisque la carte communale est « calquée sur l'habitat »[3] et les interactions sociales. Ces caractéristiques constituent une singularité et une force par rapport aux autres circonscriptions décentralisées. Ce sont principalement les anciennes paroisses qui ont été transformées en communes[4], d'où une carte communale relativement dense, éparpillée. Ce maillage constitue donc une force et une faiblesse de notre organisation territoriale. Concrètement, la France compte 34. 945 communes au 1 janvier 2023[5]. Un nombre relativement conséquent qui témoigne du caractère hétérogène de la commune, lié à une situation géographique et démographique hétéroclite, en dépit d'une organisation

---

[1] JF. Brisson, « Le bloc communal : recoller les morceaux et préserver l'essentiel », RFDA 2020, p. 214

[2] Rapport de la commission de développement des responsabilités locales, Vivre ensemble, septembre 1976, p.201

[3] Ibid

[4] Cf infra

[5] DGCL, 2023

(peu ou prou similaire) et d'attributions quasiment identiques entre elles. Les communes sont juridiquement similaires, mais plurielles dans les faits, difficile de les comparer entre elles.

Face à l'absence de définition législative, la doctrine a essayé à de multiples reprises d'apporter une définition claire et précise. Une tâche ardue à laquelle le professeur Julien Martin a essayé de remédier. Il aboutit au constat suivant : la commune « constitue la plus petite unité parmi les personnes morales de droit public dites territoriales »[6]. Il s'agit d'un trait commun à toutes les communes de France, en raison du caractère inopérant des bases géographiques ou démographiques. Ces derniers critères sont fluctuants : impossible, donc, de les utiliser pour une définition générale. D'autant plus que la réalité historique et démographique qui caractérisait la commune tend à disparaître fortement par rapport aux transformations de la société et à ne plus correspondre aux exigences de notre organisation contemporaine. Cette originalité a favorisé la création du bloc communal dont elles forment la base, un socle face à l'établissement de coopération intercommunale.

Ce dernier constitue le support institutionnel de l'intercommunalité, il représente « le processus de rapprochement entre communes dans l'intérêt de remédier au phénomène d'émiettement communal »[7]. L'idée initiale fut de faire travailler les communes ensemble par une mutualisation de leurs compétences, afin d'offrir des

---

[6] J. Martin, « La recherche d'une définition juridique de la commune », in Quelle(s) commune(s) pour le XXI ème siècle, 2019, p.77

[7] B. Faure, Droit des collectivités territoriales, Dalloz, p.401

services à leur population, en dépassant le simple cadre contractuel par une institutionnalisation de cette coopération avec une structure dédiée que représente l'EPCI. Les communes en constituent le socle, l'EPCI est l'émanation de ces dernières, puisqu'il demeure rattaché aux communes.

L'intercommunalité peut prendre deux formes avec une incidence plus ou moins prononcée sur les communes membres. D'abord, il peut s'agir d'une intercommunalité de service (ou associative) qui vise uniquement à la gestion de service public. Puis, est apparue progressivement l'intercommunalité de projet (ou fédérative) dans une logique d'intégration qui vise à associer les communes pour « élaborer des projets communs de développement au sein de périmètres de solidarité »[8]. Elle dépasse le simple objectif de mise en commun de services publics, il s'agit de créer un projet de territoire au service de son aménagement et de son attractivité en transcendant les intérêts de chaque commune, par une fiscalité propre, notamment. Un procédé innovant pour tenter de réformer la carte communale jugée inadaptée et atténuer la concurrence à laquelle peuvent se livrer les communes entre elles. Cette dernière forme d'intercommunalité a la faveur des pouvoirs publics. Il s'agit de la principale innovation des pouvoirs publics de ces dernières années en matière d'organisation territoriale.

La pluralité vient caractériser l'intercommunalité par ces deux facettes, y compris dans les différentes « formules » de l'intercommunalité de projet. Pour s'adapter aux réalités locales, l'EPCI à FP qui est la traduction juridique de l'intercommunalité de projet n'est pas une

---

[8] CGCT, art. L5210-1

structure unique, il peut se traduire à travers quatre structures[9], lesquelles forment le droit commun de cette forme contemporaine d'intercommunalité, sans compter les quelques cas de dérogations[10]. Le propos suivant n'aura pas pour objet de faire l'inventaire des différentes formules d'EPCI à FP, mais plutôt de s'interroger, d'analyser l'évolution de la place de la commune dans la construction et plus largement dans le fonctionnement du bloc communal, puisqu'elles « se prolongent et se transcendent dans la coopération intercommunale »[11] à la suite des différentes réformes intervenues. Et ce en dépit de particularités organisationnelles fortes, telles que le phénomène métropolitain qui pourrait aussi faire l'objet d'une étude approfondie, dès lors que le législateur le traite spécifiquement. Ces choix-là ne sont pas retenus.

Le bloc communal est le résultat de nombreuses réformes législatives. Il a fait l'objet d'une évolution constante pour aboutir à cette coexistence que l'on connaît actuellement. Ses prémices remontent à la fin du XIXe siècle, par la création des syndicats de communes puis, l'après 1945 est un tournant. En effet, dès l'avènement de la Ve République, s'enchaînent plusieurs phases, entre balbutiements, puis affirmation, confirmation et consolidation du choix de cette dualité, à partir des années 1990 jusqu'à la fin des années 2010, avant d'esquisser un rétropédalage par rapport à cette politique orientée

[9] Communauté de communes, communauté d'agglomération, communauté urbaine et métropole

[10] La métropole de Paris déroge au droit commun de la métropole et la métropole de Lyon prend la forme d'une collectivité à statut particulier

[11] Y. Krattinger, J. Gourault, « Faire confiance à l'intelligence territoriale », rapport d'information sénatorial, n°471, 2009

quasiment vers l'intercommunalité. Toutes ces étapes ont considérablement modifié la place de la commune en son sein, tout comme dans ses rapports à l'EPCI. Ces très nombreuses lois en la matière sont un témoignage de l'intérêt porté par l'État à la question territoriale. Le bloc communal est le parfait exemple de la réflexion constante dont fait l'objet l'organisation décentralisée pour l'adapter aux évolutions de la société, tout comme l'illustration des exigences contradictoires qui traversent l'action publique dans son ensemble. Cette politique est devenue le symbole de l'intervention étatique dans ce domaine. Cette volonté de réforme a pu se heurter à de nombreux atermoiements de la part de l'État car les hésitations, contradictions furent nombreuses, tant sur les objectifs que la méthode à utiliser pour parvenir à ses souhaits entre liberté, incitation et autorité. Le rôle de la puissance étatique est prépondérant, et les communes en sont tributaires. Difficile pour elles de se prévaloir de quelconques droits, conformément au caractère unitaire de la République française [12]. Ces dernières n'ont pas d'existence propre, une réforme de la Constitution suffit à les faire disparaître, elles lui sont subordonnées, malgré l'existence du principe de libre-administration censé les protéger.

En effet, cette prise de conscience par les pouvoirs publics de l'éparpillement communal et du caractère inadapté des périmètres communaux pour mettre en œuvre des politiques publiques et leurs attributions est ancienne. Cette étroitesse de la commune est considérée comme un obstacle pour offrir de nombreux services à leur population, en raison d'une incapacité financière et technique. Il s'agit d'un vrai handicap pour offrir des services identiques à la

---

[12] Article 1 de la Constitution du 4 octobre 1958

population dans une logique d'égalité propre à notre État unitaire puisque chaque commune de France a les mêmes compétences quelles que soient sa localisation et sa taille. Face à cette réalité, l'État souhaite réformer la commune. À l'origine, une simple modification de leur périmètre est envisagée pour leur permettre d'atteindre une taille suffisante, sans la remettre en cause. Le fait communal présente un caractère sensible lié à sa permanence et à son ancienneté. Une suppression paraît impossible, seulement une réforme pour l'adapter au mieux à notre société contemporaine. Même si les orientations récentes prises par le législateur peuvent laisser entendre le développement de l'hypothèse contraire. Peu de temps après sa création, l'État a tenté de modifier la carte intercommunale avec un succès inexistant, et il faut attendre les années 1970 pour une relance de cette politique, par la loi dite Marcellin[13], qui se solde par un échec. Le caractère volontaire de la procédure liée à la liberté laissée aux communes pour se regrouper, et à la résistance des élus locaux justifient à eux seuls le résultat. Le pouvoir central est tenu en échec dans sa volonté réformatrice.

En parallèle, dès la fin du XIXème siècle, est posée la base du bloc communal, avec la création des syndicats de communes, lesquels constituent l'intercommunalité de service, dans une logique associative. L'intercommunalité est née, elle incarne la liberté des communes au sein du bloc communal, charge à elles d'y participer suivant leur envie et leurs besoins à satisfaire. La coopération intercommunale relève de l'opportunité, elle n'est pas orientée, ni contrainte : elle est à la discrétion des communes.

---

[13] Loi n°71-588 du 16 juillet 1971 sur les fusions et regroupements de communes

Face au succès de cette coopération, mais également face à l'échec des fusions de communes, l'État voit dans l'intercommunalité un moyen de pallier les faiblesses de la carte communale, mais surtout de la réorganiser en douceur par l'intermédiaire des EPCI qui sont « passés d'instruments de coopération à des institutions de substitution »[14], comme palliatif à l'impossible réforme communale, sans agir sur les causes. Ce choix de développement de l'intercommunalité est le symbole de l'intervention étatique dans l'organisation intercommunale. Par cette coopération aboutie, l'idée sous-jacente est de provoquer une diminution des communes par des fusions, suite à ce travail en commun et au projet de territoire élaboré conjointement. Les prémices remontent à 1959, avant de connaître un développement progressif à partir de 1992[15], puis offensif. La transformation d'une intercommunalité de service vers l'intercommunalité de projet a véritablement lieu durant la dernière décennie du siècle précédent. La liberté est le maître mot de cette politique, aucune commune ne doit être incluse contre son gré, au sein de ces ensembles intégrés. Elle est essentiellement l'expression de la volonté communale. Toute la politique étatique envers le bloc communal est censée reposer sur un subtil équilibre : préservation de l'autonomie communale et développement de la coopération, qui de fait vient l'altérer, par la perte de compétences pour la commune. D'où la justification d'un consentement communal. L'État crée un cadre à disposition des communes, dans une logique incitative, charge à elles de l'utiliser (à quelques exceptions près), avant de changer de paradigme et d'utiliser la voie autoritaire pour généraliser

[14] J.-M. Pontier, La commune, exception administrative territoriale, AJDA 2020, p.1945

[15] Loi n°92-125 du 6 février 1992 relative à l'administration territoriale de la République

ce modèle à l'intérieur du bloc communal. Une bascule s'opère, où l'acteur principal devient l'État en lieu et place des communes dans la construction intercommunale.

Au début des années 2010, intervient la période dite de « l'intercommunalité forcée ». L'État en qualité « d'architecte du local »[16] décide d'achever la construction intercommunale par une adhésion obligatoire des communes à ces structures, conjuguée à un renforcement accéléré de leurs compétences au détriment de la commune. On passe d'une intercommunalité incitée à contrainte, par voie d'autorité. Le représentant de l'État dans le département a eu un rôle prépondérant dans la procédure d'achèvement. Le couple commune-EPCI à FP devient à ce moment la clé de voûte du bloc communal, au détriment du syndicat de communes qui tend à se marginaliser. L'obligation de rattachement est identique sur tout le territoire, même si une différenciation des compétences communales se développe. Ces dernières doivent s'apprécier en fonction de cette appartenance à l'EPCI à FP. Elle n'affecte pas les communes de la même manière sur les compétences, en fonction de la nature de l'EPCI à FP. Le fonctionnement de la commune ne peut s'envisager qu'à l'aube de l'intercommunalité de projet souhaitée et concrétisée par l'État. Au lieu d'agir directement sur les périmètres communaux, l'État par incitation puis autorité agit sur les compétences communales par l'EPCI à FP, par une dilapidation progressive de ces dernières, dans l'espoir de provoquer à terme une réforme de la carte communale. Dans le même temps, il relance la politique de fusion de

[16] J.-F. Brisson, « L'Etat, grand architecte du local. Analyse juridique du projet de réforme territoriale », Pouvoirs locaux, n°83, 2009, p.85-89

communes, au fur et à mesure qu'il renforce les EPCI à FP. Cependant, un temps d'arrêt sur la politique du tout intercommunal semble être en vigueur depuis quelques années. Cette myriade de textes est source d'un cadre juridique instable, rendant alors les ambitions des pouvoirs publics difficiles à cerner à l'égard du bloc communal. Toutefois, même si elles ne sont plus en position de force sur leur évolution, comme dans le fonctionnement quotidien du bloc communal, les communes sont et restent à la base de ce bloc atypique eu égard à son organisation, son fonctionnement et les caractéristiques des deux personnes juridiques qui le composent. Elle se traduit par une coexistence de deux personnes morales de droit public, aux légitimités distinctes, parfois concurrentes : une collectivité territoriale et un établissement public hybride, qui tend suite aux diverses réformes vers une transformation, en prenant les traits d'une collectivité territoriale, sans l'être pour autant. La réforme constitutionnelle du 28 mars 2003 n'érige pas l'EPCI au rang de collectivité territoriale, il fait son apparition par l'appellation « groupement » au titre des expérimentations. Constitutionnellement, l'intercommunalité n'a pas le poids de la commune même si de nombreux traits communs sont présents.

La doctrine n'est pas restée silencieuse face à cette situation et aux transformations récentes qui ont touché la commune. Elle est assez abondante puisque toutes les lois ou décisions du juge administratif font l'objet de nombreux écrits, au regard de cette particularité française. Par rapport à ces écrits conséquents, deux attirent notre attention sur leur caractère prémonitoire, quant au devenir de la commune dans ce bloc communal. La ressemblance avec la réalité vécue par les élus locaux est impressionnante. Alors même que se développaient les prémices de coopération intercommunale de projet, la doctrine s'interrogeait déjà sur la place de la commune au sein de notre organisation administrative[17], comme sur la pertinence de la catégorie juridique choisie pour la mise en œuvre de cette coopération par l'intermédiaire d'un établissement public[18], et de ces incidences sur la commune. Ces deux écrits d'André de Laubadère et d'Henry Roussillon sont particulièrement éclairants en la matière, par leur aspect précurseur, visionnaire sur le devenir actuel de la commune, ainsi que sur l'évolution plus large des relations entre ces deux entités composantes d'un bloc communal consolidé, en comparaison avec les débats actuels[19]. De nombreux auteurs sont intervenus ultérieurement pour confirmer la porosité de la qualification d'établissement public territorial avec celle de collectivité territoriale, laquelle se situe dans un entre-deux juridique, accentuant une concurrence entre les deux entités du bloc, en raison des nombreuses lois renforçant l'EPCI à FP comme l'a fait en son temps André de Laubadère. De plus, de nombreuses études ont été rendues plus périodiquement à la faveur des nombreuses lois modifiant l'organisation des deux entités du bloc communal, lesquelles témoignent de la transformation de la place de la commune au sein de l'organisation territoriale de la République.

[17] H. Roussillon, « La mort des communes ? », *in Mélanges Couzinet*, PU Toulouse, 1974, p.671

[18] A. de Laubadère, « Vicissitudes actuelles d'une distinction classique : établissement public et collectivité territoriale». A propos des groupements de collectivités territoriales», *in Mélanges Couzinet*, PU Toulouse, 1974, p. 411

[19] Ces auteurs reconnaissent le caractère inadapté de l'organisation communale à la française et une nécessité de réforme

Ainsi, toutes ces réformes relatives à l'organisation du bloc communal ont-elles contribué à une marginalisation de la commune en son sein ?

Les réformes récentes ont contribué indéniablement à reléguer la commune au sein du bloc communal, au profit de l'intercommunalité, même si sa disparition relève de l'utopie. Elle en reste la base dans des intercommunalités démesurées. En effet, soucieux de réformer la carte communale, l'État a fait preuve d'inventivité pour la faire évoluer tout en la sauvegardant par la création des EPCI. Le bloc communal est né à la suite de l'échec des fusions de communes. Il est ancien, même si l'expression ne s'est réellement développée qu'avec l'avènement de l'intercommunalité de projet, au regard de la forte imbrication entre les deux entités. La liberté de la commune à participer à une telle structure était censée guider sa construction, tout comme son fonctionnement, puisqu'elle en constitue le socle. Or, le législateur a progressivement inversé le paradigme avec le développement de l'incitation, puis l'affirmation de la contrainte par le recours à l'autorité illustré par les prérogatives du préfet de département. Elle s'est manifestée d'abord dans une logique organique par le rattachement contraint, puis matérielle avec l'abandon progressif et accéléré des compétences communales au profit des EPCI à FP durant la dernière décennie. Une marginalisation de la commune s'est opérée au sein du bloc communal, caractérisée par un déplacement du centre de gravité de l'action publique locale en son sein, malgré l'existence d'un conflit de légitimité politique et juridique. Cette dualité institutionnelle de l'action publique de proximité est l'illustration de l'intervention étatique en matière d'organisation territoriale. Il s'agit avant tout d'une affaire étatique. Cependant, il est difficile de percevoir une vision de l'État en la matière, tant ses choix sont contradictoires, notamment au regard des dernières réformes adoptées en vue d'atténuer les critiques exprimées.

De cette frénésie législative, il s'agira de démontrer que l'État, par l'intermédiaire de la figure du préfet, a contribué à l'affaiblissement de la commune au sein du bloc communal (partie 1), même si la politique de « l'intercommunalité forcée » rend une disparition de la commune improbable. Elle demeure préservée en son sein (partie 2).

Partie 1 : Une commune affaiblie au sein du bloc communal

Forte de son héritage historique et de son maillage dense, la commune, en qualité de plus petite circonscription administrative de la République a connu depuis la seconde moitié du XXe siècle de nombreux bouleversements. En effet, le nombre élevé de communes est considéré à la fois comme une force et une faiblesse de notre organisation territoriale. Pour pallier les nombreux inconvénients, des tentatives de réduction ont été menées, en vain. Face à cet échec, l'État a choisi une voie originale en Europe : la coopération entre communes pour mettre en œuvre des projets de territoire que les communes seules ne peuvent réaliser. Par ce choix, le bloc communal est né. Il vient constituer une administration de proximité atypique par la coexistence de ces personnes morales. Le bloc communal s'est constitué progressivement (chapitre 1), avant que les relations en son sein ne deviennent tumultueuses, puisqu'une concurrence entre les deux entités émerge.
Dès lors, la commune maîtrise difficilement son destin (chapitre 2).

Chapitre 1 : La construction progressive du bloc communal

Avec ses 34.945 communes au 1er janvier 2023[20], la France compte à elle seule 40 % des communes de l'Union européenne. Cette « pulvérisation communale », pour reprendre la qualification d'André de Laubadère est source de nombreux handicaps, tant du point de vue de l'action de ces collectivités que de leur fonctionnement. Les pouvoirs publics ont eu rapidement conscience d'une nécessaire réforme de la carte communale, pour aboutir à la constitution d'un bloc communal. Cet émiettement est une caractéristique majeure de notre organisation administrative, en raison de sa permanence face à l'absence de véritable réforme structurelle de la carte communale (section 1). Face à cette situation ancienne, l'État a fait le choix d'une solution originale par la valorisation de l'intercommunalité à la discrétion des communes, laquelle repose sur la coopération entre les communes pour remédier aux inconvénients de cette absence de réforme communale (section 2).

[20] DGCL, 2023

Section 1 : L'absence de réforme structurelle de la carte communale

Face à cet émiettement communal conséquent, une restructuration de la carte communale s'est rapidement avérée nécessaire (paragraphe 1). Cependant, toutes les tentatives de réformes se sont soldées par un échec (paragraphe 2).

Paragraphe 1 : La nécessaire réforme de la carte communale

Ce nombre élevé de communes dans l'organisation de la République française, est principalement justifié par un héritage purement historique (A). Or, cet éclatement communal est inadapté pour répondre aux enjeux contemporains (B).

A/ Une carte communale fruit d'un héritage historique

La loi du 14 et 22 décembre 1789 consacre en son article 7 l'institution d'une « municipalité dans chaque ville, bourg, paroisse et campagne ». C'est par une transformation de l'existant que sont instituées les 44.000 communes à cette époque, elle est le fruit d'un héritage historique. L'abolition des privilèges, le 4 août 1789, entraîne une approche centraliste et égalitariste de l'organisation administrative du pays telle que souhaitée par les révolutionnaires. Ils procèdent à une réorganisation territoriale en le découpant en départements, cantons et communes. La commune doit être identique sur tout le pays et constitue la cellule de base. Cela constitue une rupture par rapport au Moyen-Âge.

En effet, lors des débats de la constituante sur la création des communes, il ressort la présence de deux thèses. La première défendue par Thouret, Condorcet et Sièyes, souhaitait la création de 6.500 communes par un découpage artificiel des paroisses existantes pour en faire une structure rationnelle et artificielle. Tandis que Mirabeau était tenant d'un *statu quo*, pour respecter et préserver l'héritage historique, démographique et géographique, par la transformation des paroisses en municipalités. Une position qui n'est pas novatrice, puisque sous l'Ancien Régime, déjà, le contrôleur général des finances Turgot estimait que la commune devait être administrée par les individus qui la composent en raison de sa réalité naturelle [21]. La commune devient le centre de la vie administrative et politique locale en lieu et place de la paroisse qui regroupait naturellement les habitants autour d'elle.

Toutes ces paroisses ou villes ont un point commun : la base démographique. Elles regroupent des êtres humains entretenant des liens sociaux entre eux, dans un esprit de solidarité. La commune est la traduction de ce phénomène historique, elle est « présentée comme une entité naturelle, formée historiquement par un regroupement de famille »[22]. Remontant au Moyen-Âge voire à l'époque romaine, des regroupements spontanés d'habitants ayant des intérêts communs et fédérés par la religion Catholique se sont formés. Cette base communautaire vient dès lors justifier la création de cette administration. Elle a une existence naturelle, le superficiel

[21] Turgot, *Mémoire sur les municipalités*, 1775

[22] N. Kada, Dictionnaire encyclopédique de la décentralisation, 2017, Berger-Levrault, p.221

est absent, tel est le sens des propos de Royer Collard tenus devant la chambre des députés le 13 avril 1818 : « La commune comme la famille est avant l'État ; la loi politique la trouve et ne la crée pas ». Une existence qui relève de l'évidence, puisqu'aucun texte n'apporte de définition à la commune, elle est juste consacrée par les révolutionnaires. Cette caractéristique originelle est à la fois une force dans sa légitimité comme une faiblesse dans son action. Pour Eric Kerrouche, ce choix est qualifié « de faute originelle »[23] ou encore de « faiblesse congénitale »[24] pour Christian Debouy. Cette origine naturelle, fruit de l'histoire rompt avec le caractère assez superficiel de la circonscription départementale créée dans la même période.

Par cette consécration révolutionnaire, la commune est censée représenter une réalité locale, en lien avec une base sociale, laquelle va s'étioler au fil du temps, voire disparaître. Par conséquent, le nombre de petites communes est extrêmement fort. Dans les faits, les communes de moins de 500 habitants représentent 52,5 % des communes françaises pour 6,1 % de la population, et celles inférieures à 20.000 habitants 98,6 % d'entre-elles, pour 60,4 % des Français[25]. La conséquence de ce choix historique est la faible population des communes françaises, sans compter les communes sans habitant incarnées par les « villages morts pour la France » dans la Meuse. Elles constituent « un cas unique en Europe »[26], avec environ 1.929 habitants

---

[23] E. Kerrouche, *L'intercommunalité en France*, Montchestien, 2008

[24] Ch.Debouy, «La fin programmée des communes», *in Mélanges Lachaume*,Dalloz, 2007

[25] DGCL,2023

[26] Cour des comptes, Les finances publiques locales, 2022, p.46

en moyenne, contre 7.450 en Allemagne ou 15.507 en Pologne[27].

Tout comme sa composition, la superficie des communes peut varier aussi. À titre d'exemple, Arles est la commune la plus étendue de France (758,93 km2), alors que Castelmoron-d'Albret est la plus petite (0,0375 km2). Sur ces deux aspects, « l'inégalité la plus grande règne entre les communes »[28].

Ce choix historique aboutit à une « parcellisation » du territoire, en dépit de l'uniformité révolutionnaire souhaitée, chaque commune a une forme de singularité.

Cette situation atypique, fruit de l'histoire suscite un fort attachement culturel et historique à la commune, justifiant cette survie. La commune, comme le département, traversent les siècles malgré leurs faiblesses. Les sénateurs ont reconnu « la force de l'identité communale et l'importance de la commune en tant que cellule de base »[29]. Ces éléments rendent difficile toute politique de réforme à son égard, voire impossible sa suppression en raison de « l'esprit de clocher » qui anéantit les tentatives de réformes, car constitutif « d'un frein, voire un obstacle »[30]. Les administrés, mais surtout les élus sont réticents à toute modification de la carte communale, puisque cet éclatement justifie l'existence de plus de 500.000 élus municipaux. Pourtant, cet éparpillement communal, qui est un « héritage

[27] Données issues de l'observatoire mondial des finances et de l'investissement des collectivités locales (SNG-WOFI)

[28] M. Verpeaux, « rapport introductif », *Quelle(s) commune(s) pour le XXI siècle*, L'Harmattan, 2018, p. 11

[29] Y. Krattinger et J. Gourault, Rapport d'étape sur la réorganisation territoriale n°264, 2009

[30] JF. Lachaume, *La Commune*, LGDJ, 2007, p.10

sacralisé »[31] est inadapté pour répondre aux enjeux contemporains.

B/ Des communes inadaptées pour répondre aux enjeux contemporains

La circonscription communale en qualité d'entité décentralisée se caractérise par sa permanence malgré des critiques récurrentes. Selon l'ancien président de l'Assemblée des maires de France, Jacques Pélissard, la commune est la « structure la plus efficace en termes de démocratie, de solidarité et de proximité »[32] . Une suppression paraît quasiment impossible, seule une réforme est envisageable, en raison de son statut ambivalent pour répondre aux enjeux contemporains. Jean-François Lachaume estime que les faiblesses de la commune sont « toutes la contrepartie des atouts recensés »[33]. Une situation paradoxale puisque la commune n'a pas évolué en même temps que l'organisation sociétale face à des phénomènes conséquents tels que l'exode rural. Pour André de Laubadère « l'exiguïté des communes et l'absence de statut pour les agglomérations multi communales »[34] est l'illustration de leur inadaptation, pour la majorité d'entre-elles. Elle se manifeste tant dans la mise en œuvre des compétences qu'elles disposent, que des faits qui ont justifié sa création.

Tout d'abord, l'émiettement communal est une source de difficulté pour offrir des services publics aux

---

[31] E. Kerrouche, op.cit, p.20

[32] V. Aubelle, Les communes nouvelles, Berger Levrault, 2016, p.9

[33] Ibid, p.11

[34] A. de Laubadère, op.cit, p.441

administrés. En effet, toutes les communes ont une organisation et un fonctionnement identiques. Les bases de cette unité statutaire furent posées avec la loi municipale du 5 avril 1884, malgré l'existence d'une dérogation avec la loi dite « PLM » de 1982 [35], validée par le juge constitutionnel. Elle s'en éloigne uniquement du point de vue de la division territoriale, par l'instauration d'un sectionnement électoral. Surtout, quelle que soit leur taille, elles exercent les mêmes compétences d'attribution et sont toutes dotées de la clause générale de compétence (article L. 2122-29 du CGCT). L'indivisibilité de la République, consacrée à l'article 1 de la Constitution du 4 octobre 1958 comme corollaire du caractère unitaire de l'État depuis 1791 et le principe d'égalité imposent l'attribution de compétences identiques au sein d'une même catégorie de collectivité territoriale, sauf si un intérêt général le justifie [36].

À l'origine, ce transfert de compétences était perçu comme une chance, bien qu'en raison du morcellement communal, nombre d'entre elles furent dans l'incapacité d'exercer seules les compétences attribuées. Pourtant, lors des différentes étapes de la décentralisation, le législateur ne s'est pas interrogé sur la problématique du territoire pertinent et surtout des capacités des communes à les mettre en œuvre. L'urbanisme est un exemple éclairant puisque l'acte I de la décentralisation leur a confié l'élaboration du PLU et la délivrance des autorisations d'urbanisme. Faute de moyens, elles faisaient appel au service de l'État (anciennement DDE et DDT aujourd'hui) ou à des cabinets privés, pour exercer la compétence : un non-sens. Au

[35] Loi n°82-1170 du 31 décembre 1982

[36] CE, avis, n°393651, 7 décembre 2017, *Différenciation des compétences des collectivités territoriales*

moment du transfert, la majorité n'était pas en mesure de l'offrir, puisque 89 % des POS en 1985-1986 relevaient de la direction départementale de l'équipement[37]. Ce recours est justifié faute de compétences et de moyens en interne. Elles se dessaisissent d'elles-mêmes, voire même renoncent en prenant acte de leur incapacité à agir directement. L'urbanisme n'est pas le seul domaine concerné, toutes les compétences relatives aux réseaux et à la voirie sont touchées. Ce caractère pluriel de la commune est une difficulté, principalement pour les petites communes, c'est-à-dire celles de moins de 1.000 habitants qui représentent 71,5 % des communes. Faute de moyens humains et financiers suffisants, elles ne peuvent être en mesure d'offrir tous les services qu'elles sont censées offrir à leurs administrés. La capacité à agir est fortement liée à la taille de la commune, dont on perçoit le caractère inadapté. Il s'agit là du principal obstacle pouvant créer une distorsion entre les citoyens sur les capacités à offrir des services publics très techniques ou coûteux, alors même que le principe d'indivisibilité suppose que chaque citoyen reçoive les mêmes services.

En dépit de cette égalité prônée par le texte constitutionnel, la commune dans les faits est plurielle, car elles n'ont pas toutes les mêmes caractéristiques. Certaines sont des villes-dortoirs, tandis que d'autres supportent les charges de centralité, source de tensions entre les communes. Une seule va supporter les équipements et services au bénéfice des autres qui ne déboursent rien. Elle pousse à s'interroger sur la notion d'agglomération, que nous traiterons dans les développements suivants, laquelle

[37] J. Chapuisat, « Bilan de cinq années d'urbanisme communal », AJDA 1989, p. 105

doit pousser les communes à se regrouper autour de cette notion, au regard des interactions entre elles.
En outre, un facteur extérieur aux compétences à exercer vient limiter leur possibilité d'action : la réponse aux besoins de leur population, notamment les exigences d'équipements souhaités par les néoruraux, lesquels quittent la ville pour la campagne. Ces derniers souhaitent conserver, et par conséquent obtenir les mêmes équipements qu'en ville, nécessitant des investissements de la part de ces petites collectivités déjà fragiles. Il convient de noter que pour faire face à l'exercice de leurs compétences obligatoires, les communes peuvent être amenées à se regrouper entre elles ou à solliciter de nombreuses aides financières auprès d'organismes publics ou de collectivités territoriales.

Enfin, avec le phénomène de l'exode rural, l'idée que les communes correspondaient à une réalité humaine peut être contestée. La base démographique, source de sa justification est en perdition. La commune a perdu sa « base communautaire »[38], alors même qu'elle était sa justification, une évolution de son périmètre semble être nécessaire pour qu'elle la retrouve. La commune comme communauté d'habitants entretenant des liens sociaux est à relativiser. Le phénomène de la démocratie sommeil développé par Jean Viard accentue cette hypothèse, puisque les besoins à offrir ne sont pas les mêmes. 63% des travailleurs n'habitent pas où ils vivent. Ce sociologue préconise une « réorganisation des communes autour des territoires de travail »[39].

---

[38] H. Roussillon, « La mort des communes », in Mélanges Couzinet, PU Toulouse, 1974, p.673

[39] Entretien J. Viard, « Nous sommes en train de créer une démocratie du sommeil », 10 juillet 2012, Le Progrès

Ces arguments relatifs à l'exercice de leur compétence, la satisfaction des besoins de leurs administrés et à l'assise démographique démontrent les difficultés auxquelles fait face la commune dans notre siècle. Ils illustrent à eux seuls l'inadaptation de la carte communale, pourtant ancrée dans l'organisation administrative. Michel Verpeaux résume à lui seul le paradoxe de la commune en France : « le nombre de communes françaises est à la fois la cause d'un émiettement considérable du territoire et du pouvoir municipal, et d'une richesse démocratique certaine car ces communes constituent un tissu difficilement remplaçable d'administration de proximité »[40]. En ce sens, aucune des propositions des pouvoirs publics n'a eu clairement pour objet de supprimer purement la commune. Il s'agit seulement d'une volonté de rénover la carte communale pour la rationaliser, c'est-à-dire en réduire leur nombre pour les rendre plus robustes afin de les adapter aux évolutions de notre société. Cette restructuration est censée permettre à la commune de retrouver une véritable capacité à agir seule. Mais toutes les tentatives de réforme de la carte communale se sont soldées par un échec.

Paragraphe 2 : L'échec des tentatives de réformes de la carte communale

Face à cette situation de morcellement et d'inadaptation du découpage communal, les pouvoirs publics ont pris conscience de la nécessité d'une évolution de la carte communale. Cette volonté de restructuration impulsée par l'État est ancienne (A). Même si dans les faits les résultats sont inexistants, car ces tentatives de réforme

[40] M. Verpeaux, *Les collectivités territoriales*, Connaissance du droit, 6ème édition, Dalloz

de la carte communale ont laissé une liberté aux communes dans leur mise en œuvre : la restructuration de la carte communale est liée à leur appréciation (B).

A/ L'échec d'une volonté de restructuration ancienne

Si elles apparaissent « irremplaçable[s] » pour Jean-François Lachaume[41], l'État a toujours eu une volonté de réformer la carte communale par la fusion de communes, c'est-à-dire d'inciter au regroupement de ces dernières par la création d'une nouvelle structure en lieu et place des communes existantes, pour en réduire le nombre. Ce souhait de disparition des anciennes personnes morales de droit public au profit d'une nouvelle a connu un bilan très limité, pour prendre la forme d'un échec.

Dès la Révolution française, les prémices d'une réforme apparaissent. En effet, après que la Constituante ait adopté le projet de Mirabeau, véritable *statu quo* dans l'organisation territoriale, la Constitution de l'an III (adopté le 5 fructidor an III) souhaite rationaliser l'organisation administrative par la création des municipalités de canton. C'est dans son titre VII dédié aux « corps administratifs et municipaux » et aux articles 174 et suivants qu'elle aborde ce sujet, alors même qu'elle consacre un titre premier à la « division du territoire ». Avec la création d'un seuil de 5.000 habitants, ce système vient regrouper l'administration de toutes les communes de moins de 5.000 habitants à l'échelle du canton. Leur administration est mise en commun par l'intermédiaire de la municipalité de canton, même si toutes continuent à survivre dans les faits. Il s'agit en quelque sorte d'une fédération de communes, car chaque commune

[41] J-F. Lachaume, op. cit., p. 11

inférieure à 5 000 habitants avait « un agent municipal et un adjoint » (article 179), puis se superposait une administration municipale, laquelle réunissait les agents de chaque commune, pour former la municipalité (article 180). Au contraire, celles situées au-dessus du seuil de 5 000 habitants s'administrent elles-mêmes. Au-delà de 100.000 habitants, elles étaient découpées en « trois administrations municipales » (article 183). En réalité, ces dispositions visent à diminuer le nombre « d'administrations municipales »[42], plus que de réduire le nombre de communes, car la circonscription communale persiste en elle-même. À la tête de la municipalité cantonale, un président exerçait l'essentiel des compétences. Elle illustre une première tentative de regroupement des communes par la création d'un seuil arbitraire pour réduire les effets négatifs d'un éclatement communal, grâce à la mutualisation de l'administration. Il s'agit d'un aménagement en douceur, puisqu'il n'y a pas de suppression sèche de la commune. Cette solution, proposée par les révolutionnaires, est une réforme, certes intéressante, mais elle illustre avant tout un rendez-vous manqué, puisqu'elle aurait permis une « gestion rationnelle des intérêts locaux, grâce à des services suffisamment charpentés »[43].

Le changement de régime politique avec la Constitution du 28 frimaire an VIII, et la loi du 28 pluviôse an VIII consacrent un retour à la situation antérieure, avec la suppression des municipalités de canton.

---

[42] M. Verpeaux, « rapport introductif », in *Quelle(s) commune(s) pour le XXI siècle*, op. cit, p.14

[43] P. Villard, *Histoire des institutions politiques de la France*, Dalloz, p. 46

Malgré cette première tentative de réforme, les pouvoirs publics ne se sont peu ou pas emparés du sujet jusqu'à l'avènement de la Vème République. La loi municipale du 5 avril 1884 relative à l'organisation municipale ne prévoit aucune disposition à ce sujet, elle concerne uniquement l'organisation et le fonctionnement de la commune, en tant qu'entité décentralisée. Elle prévoit un régime uniforme quelle que soit la commune. Une tentative de fusion autoritaire a eu lieu, avec la loi du 28 février 1942, pour recenser les communes les plus faiblement peuplées et procéder à leur unification. Ce texte n'a jamais été promulgué.

Il faut attendre la loi du 16 juillet 1971[44] sur les fusions et regroupements de communes dite loi Marcellin pour obtenir une véritable et réelle tentative de réforme de la carte communale. Un texte qui se voulait audacieux et ambitieux, en dépit du cadre libéral de la loi. Le législateur ne prévoyait pas de fusion de communes autoritaire, elle ne peut avoir lieu qu'avec l'accord des conseils municipaux, voire des électeurs. Le rapport de l'IGA de 2022 résume l'esprit de la loi : elle privilégiait « le consentement à la contrainte »[45]. L'État fixe un cadre juridique par la création « d'un prêt-à-porter »[46], charge aux communes de s'en saisir pour l'utiliser et le mettre en œuvre, sous réserve de l'accord du préfet. Il lui revient de prononcer l'arrêté de fusion.
La liberté communale conférée est toutefois orientée dans les faits par le représentant de l'Etat. En effet, l'État est dans une logique d'accompagnement et d'incitation. Les préfets

[44] Loi n° 71-588 du 16 juillet 1971 s*ur les fusions et regroupements de communes*

[45] IGA, Les communes nouvelles : un bilan décevant, des perspectives incertaines, 2022, p. 16

[46] Ibid

devaient établir des plans de fusions après une analyse des différentes communes de leur département. Pour les aider et orienter ce processus, la loi a opéré une distinction entre « Les communes qui peuvent assurer par elles-mêmes leur développement » ; « Les agglomérations et les communes situées hors des agglomérations dont le développement et la bonne administration appellent une mise en commun des moyens et ressources des communes composantes » ; « Les communes qui devraient fusionner avec d'autres communes ». Cette classification devait leur servir de base pour mettre en œuvre les projets de fusion, lesquels ne pouvaient être mis en place qu'avec l'accord de toutes les communes membres du projet. Un ciblage était opéré avec cette classification. Le préfet a un simple pouvoir de proposition, en association avec les élus locaux, puisque son projet est établi à partir d'une « commission d'élus spécialement constituée à cet effet ». Malgré ce pouvoir de proposition, aucune contrainte ne pouvait être exercée à l'encontre des communes, puisque l'accord unanime devait être recherché. À défaut, la fusion ne pouvait être prononcée.

Au-delà du pouvoir de proposition, la loi Marcellin propose deux formes de fusion : la fusion sèche ou la création après la fusion d'une commune associée, c'est-à-dire la suppression de la personnalité morale tout en conservant les limites territoriales et un maire délégué. Les communes fusionnées peuvent survivre partiellement. D'une promesse ambitieuse alliant libéralisme et volonté de réforme pour éviter une administration municipale à deux niveaux, le résultat fut décevant, malgré le rôle incitatif du préfet. Le rapport Balladur résume le bilan de la loi Marcellin qui a de « rares exceptions près, n'a guère rencontré de succès »[47], puisque sous l'empire de cette loi 850 fusions ont été

---

[47] Rapport Balladur p.40

opérées regroupant 2.000 communes environ, sans occulter les défusions qui sont survenues ultérieurement[48]. D'autant plus que les fusions concernent généralement deux communes entre elles. Il s'agit majoritairement d'une fusion entre deux petites communes « additionnant leurs misères »[49] pour éviter une absorption et une dilution dans des ensembles vastes sans recherche d'un cadre pertinent.
Or, plus qu'une logique quantitative, c'est une logique qualitative qui doit guider la réforme de la carte communale par la recherche d'un cadre pertinent pour s'adapter à l'évolution des flux démographiques et à l'exercice effectif des compétences. Il devrait s'agir d'une boussole censée guider les pouvoirs publics plus que la réalisation de fusion à tout prix. Les trois catégories de communes identifiées par les pouvoirs publics (à l'époque de la loi Marcellin) en sont le reflet, malgré un résultat inexistant. Le débat doit porter sur l'efficacité de la procédure à mettre en œuvre pour procéder à l'adaptation de la carte communale.

Quelques temps après l'adoption de cette loi, en octobre 1976, le rapport Vivre ensemble issu du travail de la Commission de développement des responsabilités locales, présidée par Olivier Guichard souligne l'importance du niveau communal et la nécessité de le rehausser, en réduisant drastiquement leur nombre. Preuve en est de l'effet extrêmement limité de cette loi sur la carte communale. Pratiquement quarante ans plus tard, cette politique est remise à l'ordre du jour par l'État, toujours préoccupé par la rationalisation de l'organisation territoriale, avec les lois RCT et Pélissard de 2015. Le

[48] Dans le Lot-et-Garonne, les communes de Marmande et Mauvezin-sur-Gupie ont fusionné en 1972, avant de défusionner en 2003
[49] H. Roussillon, op. cit, p.688

dispositif est modernisé, même si la substance reste la même, car cette restructuration est toujours liée à la volonté communale.

B/ Une restructuration liée à la volonté communale

En dépit d'un cadre juridique élaboré par l'État pour remédier à l'émiettement communal, cette politique de fusion de communes est véritablement laissée aux mains des communes, comme l'atteste l'état du droit. Ces dernières, grâce à un cadre juridique établi et mis à leur disposition par l'État, ont une possibilité de l'utiliser pour procéder d'elles-mêmes aux fusions, sans réelle contrainte. Il s'agit là d'une constante des réformes de la carte communale, comme vu précédemment. Le professeur Bertrand Faure dégage trois principes qui régissent avec constance le droit applicable aux fusions de communes (toutes réformes confondues de ces dernières années) : « volontaire » ; « modulable » ; « réversible »[50]. Deux de ces principes, illustrent parfaitement l'approche libérale retenue par l'État, ce caractère « volontaire » et « réversible ». L'approche « modulable » est aussi à une incitation à la fusion par la souplesse qu'il procure pour tenir compte des aspirations et identités locales qui pourraient être menacées.

La traduction juridique de ces principes se retrouve dans les articles L. 2113-2 et suivants du Code général des collectivités territoriales qui régissent la création d'une commune nouvelle. Le cadre juridique applicable mentionne l'initiative des communes, ou à défaut, leur accord. Aujourd'hui, on retrouve quatre possibilités de fusions.

---

[50] B. Faure, *Droit des collectivités territoriales*, op. cit., p.54

La plus classique repose sur l'initiative de communes limitrophes qui ont exprimé leur volonté de créer une commune nouvelle par des délibérations concordantes de leur assemblée délibérante.
De plus, trois hypothèses novatrices apparaissent. On retrouve la possibilité de fusionner pour deux tiers des communes d'un établissement public de coopération intercommunale qui représente deux tiers de la population d'un EPCI ou encore la volonté de toutes les communes membres d'un EPCI de se transformer en commune nouvelle. Enfin, le préfet de département peut initier un projet de fusion, en incitant des communes à se regrouper, sous réserve de l'accord des deux tiers des communes représentant les deux tiers de la population du projet concerné.
Le législateur a pris soin de prévoir de nombreuses hypothèses, au-delà des seules communes pour procéder à cette restructuration, afin de réellement endiguer ce phénomène. Cependant, le caractère volontaire de la fusion n'est pas absent, car ces possibilités sont toutes subordonnées à la volonté des communes, par l'expression de leur consentement, elles ne peuvent « se dispenser d'un accord local »[51]. Ce consentement est multiple, il peut prendre la forme d'une délibération du conseil municipal ou par l'intermédiaire des électeurs de la commune (obligatoire dans les trois dernières hypothèses). Que ce soit dans une démarche de démocratie représentative ou directe, la commune n'est jamais écartée du dispositif, comme l'État par le préfet. Il possède un pouvoir d'opportunité à toutes les étapes de cette procédure.

[51] Ibid, p.55

Ce dernier a une influence considérable sur l'architecture communale dans le département, puisqu'il intervient en amont et en aval de la procédure, avec la possibilité de proposer la création d'une commune nouvelle, et surtout, il prononce l'arrêté de fusion. Il a un rôle essentiel. En effet, la compétence du préfet pour prononcer la création de la commune nouvelle ne porte pas atteinte à la libre-administration des collectivités territoriales[52], car elle ressort de l'organisation structurelle de l'État unitaire décentralisé et des garanties procédurales ont été accordées aux communes, par la consultation de ces dernières. En dépit du caractère contraignant de la procédure de consultation des électeurs au regard des seuils imposés par le législateur, le préfet peut prononcer la fusion alors même que les conditions ne sont pas remplies[53]. Dans cet arrêt, les juges du palais royal estiment que ce seuil de participation des électeurs mentionnés ne l'est qu'à titre indicatif, il n'est pas contraignant, permettant à l'État de rationaliser la carte communale. Il peut outrepasser ces rigidités juridiques. Bernard Pacteau résume la situation, le préfet peut « décider une fusion de communes malgré l'échec de la consultation des électeurs », dès lors qu'il l'estime pertinent, au regard d'une série d'éléments établis par le juge : « en prenant en compte l'ensemble des éléments du dossier, notamment la volonté des conseils municipaux concernés, les résultats de la consultation et la pertinence du projet de fusion au regard de l'objectif de rationalisation de l'action administrative et de la bonne gestion des services publics »[54]. Ce pouvoir, octroyé à l'autorité préfectorale, est l'une des conséquences des conditions procédurales strictes exigées pour procéder

[52] CC, 2 juillet 2010, n°2010-12QPC, *Commune de Dunkerque*
[53] CE, 20 octobre 2010, n°306643, *Commune de Dunkerque*
[54] B. Pacteau, JCP A 2010, n°2377

à la fusion. La moitié des électeurs inscrits doivent avoir participé et la majorité absolue est supérieure à 25 % des inscrits[55]. Cet assouplissement jurisprudentiel est en faveur de la rationalisation de la carte communale, même s'il y est relativement léger. Pascal Combeau estime que la décision Commune de Dunkerque a validé l'idée que « le préfet détient la compétence de principe pour décider de la fusion »[56]. De plus, il paraît difficile que le préfet ne se prononce pas en faveur de la décision communale, il se place en accompagnateur des intentions communales. La volonté communale en reste préservée, malgré un rôle clé du représentant de l'État dans la procédure. Sensible à la question de l'organisation territoriale, l'État s'empare du sujet, même si sa position est ambiguë. Il n'arrive pas à restructurer la carte communale, car ces dispositifs juridiques laissent une place prépondérante à la volonté communale, pour faire ressurgir des situations antérieures grâce à la possibilité de défusionner.

Il s'agit de l'autre versant du caractère libéral, puisque la commune mariée peut divorcer. Pour Bertrand Faure la fusion est réversible. Sous l'égide de la loi Marcellin, le juge administratif a admis cette hypothèse, avec la jurisprudence Brulez[57]. Elle illustre le caractère libéral du cadre juridique qui permet d'anéantir les effets d'une fusion et les objectifs inhérents à cette politique. Même si les droits des communes sont préservés, la situation produite reste ubuesque. L'état du droit est traversé par des objectifs contraires. Toutefois, il paraît délicat de

---

[55] CGCT, art. L 2113-3

[56] P. Combeau, « Un préfet peut s'opposer à une « défusion » de communes malgré le succès de la consultation des électeurs », AJDA, 2014, p.348

[57] CE, 22 mai 1981, n°21681, Brulez et autres

déterminer la survie de cette jurisprudence avec l'abrogation de la loi Marcellin par la loi RCT. La nouvelle procédure que nous détaillerons ultérieurement ne prévoit rien à ce sujet. Une des seules possibilités est à rechercher au niveau de la procédure relativement lourde de modification des périmètres prévus aux articles L. 2112-2 et suivants du CGCT, avec au programme enquête publique, avis, vote et une compétence du préfet pour la prononcer qui n'est pas de droit.

Toutes ces possibilités de création de communes nouvelles sont issues d'un cadre législatif mouvant, en constante amélioration, témoignant du caractère délicat du sujet et d'une difficulté chronique à aboutir au résultat escompté. Le dispositif actuel trouve principalement sa source dans les lois RCT 2010, et Pélissard de 2015. Cet engouement législatif est la preuve d'une réelle intention de l'État de réformer la carte communale. À partir de 2015, on peut voir un engouement en comparaison avec les lois précédentes. Ces résultats sont encourageants sans pour être totalement satisfaisants, car il n'y a pas encore de réduction drastique du nombre de communes, par rapport à nos voisins européens. Les communes comme l'Etat ne se sont pas saisis du cadre offert.

Des auteurs comme Jean-François Lachaume plaident pour la création de communes composées à minima de 5.000 habitants[58]. Mylène Le Roux[59] souhaite « réviser la procédure de création des communes nouvelles, en limitant la libre volonté locale», par le recours à la

---

[58] JF. Lachaume, op. cit, p.15

[59] M. Le Roux, « La loi du 16 mars 2015 : un second souffle pour les communes nouvelles », AJDA, 2015, p.1266

puissance publique et à l'autoritarisme, comme l'ont fait nos voisins européens. À titre d'exemple, sur la même période (des années 1970), la loi du 30 décembre 1975 en Belgique a réussi à diminuer le nombre de communes de 2.359 à 596 communes, ou encore l'Allemagne a réduit de près de 41 % ses communes entre 1950 et 2007 (11.000 environ)[60]. Dans ces pays, les pouvoirs publics ont su mettre en œuvre une politique autoritaire de fusion avec des résultats probants. En France, il est donc difficile de parler de politique de fusion de communes, mais plutôt de politiques de tentatives de fusion. Face au peu d'entrain des communes et en dépit de nombreuses relances, le législateur a été amené à faire le choix du développement de l'intercommunalité. Cette structure atypique par sa finalité « compense une persistante incapacité politique à résoudre l'émiettement de ses structures territoriales par une remarquable inventivité et un très grand pragmatisme en matière de coopération »[61] pour Pierre Sadran. Une alternative originale qui vient consacrer une spécificité française en matière d'organisation territoriale. L'intercommunalité constitue donc une réponse à cette incapacité de réformer la carte communale.

---

[60] Conseil de l'Europe, Comité sur la démocratie locale et régionale, 2007, cité par Les Cahiers français, « La réforme de l'Etat », n°346, p.50

[61] P. Sadran, *Le système administratif français*, Montchrétien, 1997, p.61

Section 2 : L'intercommunalité : une réponse à l'incapacité de réforme de la carte communale

Avant même que les pouvoirs publics s'emparent véritablement du sujet de l'émiettement communal et de la nécessité d'une réforme, les communes ont su de leur propre volonté se regrouper pour coopérer : le bloc communal est né, par la mise en œuvre d'une intercommunalité de gestion souhaitée par ces dernières (paragraphe 1). Face à ce succès et aux difficultés de réforme de la carte communale, le législateur a fait le choix affirmé de l'intercommunalité de projet (paragraphe 2).

Paragraphe 1 : Une intercommunalité de gestion souhaitée par les communes

Dans un premier temps, l'intercommunalité est laissée aux mains des communes. Elles décideront ou non de s'associer d'elles-mêmes. Ce regroupement communal spontané et volontaire s'avère rapidement être une nécessité pour offrir des services publics à la population (A). Cette liberté a été renforcée par le caractère pluriel de cette coopération (B).

A/ Se regrouper pour offrir des services publics

Dès l'origine, cet émiettement communal est une difficulté pour de nombreuses communes pour mettre en œuvre de nombreux services publics, particulièrement ceux ayant un aspect relativement technique ou coûteux. Par conséquent, elles se sont regroupées pour offrir ces services à leur population et pour gérer des intérêts communs. Initialement vu avec méfiance par l'État central, le groupement de communes est interdit pour éviter toute coalition des communes face à l'État central, conformément aux idées révolutionnaires. La Constituante puis les régimes politiques successifs ont maintenu cette interdiction, jusqu'à la loi du 18 juillet 1837. En son article 70, elle vient poser les prémices du regroupement communal en reconnaissant la possibilité de créer des commissions syndicales, pour gérer les biens et droits indivis de plusieurs communes, tout en posant l'interdiction de créer des associations entre communes. La liberté communale est réduite car le conseil syndical est présidé par un membre du conseil, choisi par le préfet. Un droit de surveillance de la part de l'État est établi pour contrebalancer cette autorisation.

Une évolution notoire apparait avec la loi du 22 mars 1890. Elle vient créer le syndicat intercommunal à vocation unique en amendant la loi municipale de 1884, par le rajout d'un titre VIII. L'article L. 5212-1 du CGCT apporte des précisions sur sa nature juridique et sa définition, il s'agit d'un « établissement public de coopération intercommunale associant des communes en vue d'œuvres ou de services d'intérêt intercommunal ». Pour résumer cette définition législative, il s'agit concrètement « d'associations entre des communes qui mettaient en commun des moyens en vue d'assumer ensemble des obligations auxquelles elles ne pouvaient faire face seules »[62]. Ils visent la prise en charge d'un service public, d'une compétence communale qu'une commune seule n'a pas les moyens de mettre en œuvre ou qui dépasse les simples limites administratives du territoire communal, comme l'électrification et l'eau, sans être exhaustif. Les SIVU ont eu un réel succès dans le domaine des réseaux. Ils

62 M. Verpeaux, Quelle(s) commune(s) pour le XXI siècle, op. cit, p.18

ont permis un développement des territoires ruraux en assurant « la diffusion des principaux services d'utilité collective dans la France rurale »[63] et les communes « s'attachent à conserver l'essentiel de leurs compétences »[64]. Une façon de reconnaître l'inadéquation des communes pour la réalisation de leurs attributions par la création d'un « palliatif fonctionnel de l'émiettement communal », selon Eric Kerrouche[65]. Pour autant, cette association de communes ne permet pas de réformer la carte communale, il s'agit simplement d'un outil pour atténuer les inconvénients de ce maillage dense : « le syndicat, par son caractère strictement fonctionnel, ne peut prétendre participer à l'œuvre de recomposition territoriale du système local et se trouve marginalisé par rapport à cette finalité qui devient dominante »[66].

Dans le cadre de son fonctionnement, le syndicat de communes se caractérise par une « libre association volontaire et le respect de l'autonomie communale »[67]. La libre volonté et l'égalité entre les communes forment la base du droit de cet établissement public. En effet, la création et la suppression sont relativement difficiles, elle suppose un accord de toutes les communes par règle de l'unanimité[68], une traduction du « respect de l'institution communale », pour Françoise Sempé[69]. Une commune ne peut en principe

---

63 F. Sempé, « L'intercommunalité : syndicats de communes », *encyclopédie des collectivités locales*, Dalloz, folio n°1120

64 B. Faure, « L'évolution des compétences des communes françaises », in Quelle(s) commune(s) pour le XXI siècle, op. cit, p.184

65 E. Kerrouche, op. cit, p.38

66 F. Sempé, op. cit.

67 E. Kerrouche, op. cit, p.23

68 CE, 10 février 1933, n°181, Commune de Belpech, Lebon 181

69 Ibid

être intégrée dans un syndicat de communes si elle n'a pas donné son accord. L'intercommunalité dans sa forme ancestrale est à ce moment-là le symbole de la liberté communale. La composition de l'assemblée délibérante du SIVU, dénommée comité syndical, traduit une égalité entre les communes membres. Elles ont toutes le même poids dans la prise de décision, puisque chaque conseil municipal a deux représentants, quel que soit son poids démographique[70]. Même si l'article L.5212-7-1 du CGCT admet une possibilité de modifier cette répartition, laquelle met à mal la volonté de chaque commune, car il impose des conditions de majorité pour valider cette modification de la représentation.

Juridiquement, il prend la forme d'un établissement public territorial lui conférant la personnalité morale de droit public rattaché aux communes membres, même s'il a une existence indépendamment des communes par sa propre autonomie juridique et financière. Les compétences exercées relèvent de l'opportunité des communes à lui céder : elles consentent d'elles-mêmes. Le CGCT en son article L. 5212-2 est assez flou sur les compétences du SIVU, la seule condition est une activité qui a un « intérêt intercommunal », charge aux communes de le définir pour éviter une censure du juge administratif. Il n'est pas interdit de mettre en œuvre d'autres compétences que la gestion de service public, d'après la lecture de cet article. Le SIVU a un objet déterminé, son action est encadrée. Il est enfermé dans le principe de spécialité, inhérent à sa qualité d'établissement public. Il exerce une compétence, transférée par la commune, limitée à un domaine précis. L'exposé des motifs de la loi de 1890 le résume

[70] CGCT, art. L 5212-17

parfaitement, il « n'a pas d'attributions étendues. Elle n'est qu'une société formée entre les communes pour l'exécution d'une œuvre déterminée ». Il permet la prise en charge de service public commun. La décision institutive précise la nature et l'étendue de la compétence exercée, il ne peut intervenir au-delà. Le SIVU n'a pas un objet unique, en dépit du principe de spécialité et de son appellation, il peut avoir une activité en lien avec la compétence principale, en complément. L'article L. 5212-17 du CGCT reconnaît une possibilité de modification des compétences exercées, par décision du conseil syndical et accord des conseils municipaux. Le principe de spécialité est atténué, comme le démontre Maurice Hauriou : « il n'est pas soumis à la règle, admise jusqu'ici par la jurisprudence, de la spécialité des services, au moins en ce qu'il peut cumuler plusieurs services »[71]. Le principe de spécialité n'implique pas une unicité d'objet.

Cet établissement public exerce une compétence que les communes ont choisi de lui transférer, elles ont consenti à perdre une compétence au profit de ce dernier, le syndicat se substitue aux communes membres, en vertu de l'exclusivité. Par conséquent, la commune ne peut plus intervenir dans ce domaine transféré sous peine d'illégalité, en raison du principe d'exclusivité[72]. Pour la doctrine, le SIVU est l'illustration de l'intercommunalité de service ou de gestion d'un service public par opposition à l'intercommunalité de projet fondée sur un projet politique de territoire.

---

[71] M. Hauriou, Précis de droit administratif, 2ème édition, 1927, p.251-252

[72] CE, 16 octobre 1970, Commune de Saint-Vallier, Lebon 583

Le SIVU est un succès, surtout en zone rurale, car les communes n'ont pas le sentiment d'être dépossédées, voire absorbées par cette structure. Elles y ont consenti d'elles-mêmes et le fonctionnement est respectueux de ces dernières : elles demeurent les acteurs fondamentaux du SIVU. La véritable justification pour Françoise Sempé est liée à « la souplesse de la technique, qui a fait son succès auprès des élus tout au long du XXe siècle, continue de légitimer aujourd'hui encore sa pérennité »[73]. En quelques chiffres, il existait 3.853 en 1953 et 11.946 SIVU en 2005, et 4.738 en 2022[74], suite aux efforts de rationalisation et à une volonté de disparition souhaitée par les pouvoirs publics en raison du développement de l'intercommunalité de projet. Cependant, certains auteurs dénoncent un fonctionnement teinté d'une « très grande rigidité »[75], malgré son caractère libéral et protecteur de l'institution communale. Toutefois, cet outil n'est pas le seul moyen de coopération entre les communes, elle est plurielle.

B/ Le caractère pluriel de la coopération communale

Dans le domaine de la coopération locale, il est surprenant de constater le caractère pluriel de cette coopération entre communes, le syndicat de communes n'est pas le seul moyen. Il en existe de nombreuses formes, qu'elles soient institutionnelles ou contractuelles.

Dans les formes institutionnelles, c'est-à-dire dotées de la personnalité morale, on va retrouver traditionnellement les syndicats de communes ou les EPCI

---

[73] F. Sempé, op.cit.
[74] DGCL, 2022
[75] M. Verpeaux, Droit des collectivités territoriales, LGDJ, p.501

à FP que nous allons développer ultérieurement, tant leurs caractéristiques et leurs rôles sont singuliers. Cette structure atypique n'a pas d'équivalent juridiquement, elle se situe à mi-chemin entre l'établissement public et la collectivité locale.
À leur côté, il y a le syndicat mixte, lui aussi est un établissement public qui permet aux communes de coopérer avec d'autres collectivités territoriales sur des sujets précis, ou mettre en commun certains services. Il est dit « fermé » lorsqu'il associe uniquement des communes et des EPCI puis « ouvert » quand d'autres niveaux de collectivités y participent. En outre, on retrouve les sociétés d'économie mixtes qui permettent de coordonner l'action communale du point de vue de l'aménagement urbain, ou de la gestion des services publics. Les deux décrets-lois du 5 novembre 1926 ont permis aux communes, en lien avec d'autres collectivités, de participer au capital de société privée, voire même d'en créer. Les sociétés d'économie mixte sont des entreprises du secteur public, avec des capitaux publics majoritaires, pour un maximum de 80 %. L'activité doit être en lien avec un intérêt public (aménagement, gestion d'un SPIC, par exemple) et avec les compétences des collectivités qui apportent des capitaux.

De manière informelle, on va retrouver l'entente intercommunale (article L. 5221-1 du CGCT) qui est une convention passée entre un ou des organes délibérants d'EPCI, conseils municipaux, syndicats mixtes. Elles portent sur un objet particulier d'intérêt communal ou intercommunal. C'est une pratique relativement ancienne issue des lois du 18 juillet 1837 et de 1890 qui posent les bases d'une coopération communale sur le fondement contractuel, renforcé par la loi du 7 janvier 1983[76], avec la création de chartes intercommunales de développement et d'aménagement. Ces dernières portent sur les mises à disposition entre communes pour favoriser l'exercice des compétences en commun. L'objectif est de réaliser des économies d'échelles. Le contrat assure une liberté, comme pour le SIVU, ils assurent tous les deux une maîtrise par les communes de leur destin, car leur consentement est requis et le fonctionnement est respectueux de l'institution communale. La coopération intercommunale sous la forme institutionnelle de l'EPCI à FP va progressivement porter atteinte à cette liberté, dès lors que le législateur décide de remédier à l'émiettement communal par l'intercommunalité de projet.

Paragraphe 2 : Remédier à l'émiettement communal par une intercommunalité de projet

Dans un rapport consacré aux finances publiques publié en 2022[77], la Cour des comptes assigne quatre objectifs à l'intercommunalité, parmi lesquels un rôle clé dans la nécessité de lutter contre l'émiettement communal par cette politique publique. Face au succès de l'intercommunalité de service, une intercommunalité de projet a émergé progressivement pour en constituer un remède. Deux périodes sont à distinguer, avec une phase de balbutiements au début de la Ve République (A), avant que les pouvoirs publics affirment ce choix, à partir des années 1990 (B).

---

[76] Loi n°83-8 relative à la répartition des compétences entre les communes, départements, régions et l'Etat

[77] Cour des comptes, Les finances publiques locales, fascicule n°2, p.41 et s., 2022

A/ Les balbutiements de l'intercommunalité de projet

Face au succès du syndicat de communes issu de la loi de 1890, les pouvoirs publics font émerger progressivement une intercommunalité de projet. En effet, dans le contexte d'après Seconde Guerre mondiale, l'émiettement communal est une faiblesse, un obstacle à l'action publique. De plus, le SIVU a très vite atteint ses limites.

L'ordonnance du 5 janvier 1959 crée une nouvelle structure, par l'utilisation de la formule du syndicat dans une logique fonctionnelle, centrée sur le respect des communes et la mise en œuvre de compétences techniques dont les communes ne peuvent faire face à elles seules. Il s'agit du SIVOM (Syndicat Intercommunal à Vocation Multiple) pouvant exercer une pluralité de compétences contrairement au SIVU. L'idée est de venir diminuer le nombre de SIVU pour recentrer l'exercice des compétences techniques qui ont fait le succès de ces derniers, autour d'une même structure : elles s'associent pour gérer plusieurs compétences sur un périmètre en commun, en limitant le nombre de syndicats. Les pouvoirs publics souhaitent mettre fin à l'éclatement des structures. Leur création est par ailleurs facilitée par l'instauration de la majorité qualifiée. On voit apparaître les prémices de la réduction de l'autonomie communale[78], le législateur vient uniformiser les règles applicables au SIVU et SIVOM sur les modalités de création, par la majorité qualifiée. Là aussi, ce type d'EPCI rencontre un fort succès, puisqu'on en dénombrait

[78] Loi n°70-1297 relative à la gestion municipale et les libertés communales

1.466 en 2006, et 1.214 en 2022[79] avec des disparités entre départements : un département urbain n'en comptant peu, contrairement à ceux ruraux. Dans un sens libéral et en faveur du regroupement intercommunal pour mutualiser au mieux les compétences communales, la loi du 5 janvier 1988[80] permet aux communes d'adhérer à un SIVOM pour seulement une partie des compétences qu'il exerce : c'est le syndicalisme à la carte.

Toujours en 1959, avec l'ordonnance du 5 janvier, le Gouvernement Debré met en place le district urbain, qui doit « permettre d'assurer pour certains travaux et certains services une unité de vues au-dessus des différences communales », pour dépasser les limites communales, et résoudre le problème de l'agglomération. Cette nouvelle structure est dotée de compétences obligatoires, en matière de logement et de lutte contre l'incendie, avec la possibilité de lui attribuer des compétences supplémentaires par une modification de la décision institutive issue du conseil du district. Les premiers districts créés sont les suivants : Montbéliard, Tours et Montargis. En 1970[81], le législateur vient supprimer la dénomination urbaine, pour favoriser son développement hors des agglomérations. Environ 310 districts sont recensés en 1998, contre 90 en 1970.

En 1966[82], est créée une structure à l'intégration communale renforcée : la communauté urbaine, sur des bassins d'agglomération supérieurs à 50.000 habitants, pour

[79] DGCL, 2022
[80] Loi n°88-13 du 5 janvier 1988 d'amélioration de la décentralisation
[81] Loi du 31 décembre 1970, ordonnance tendant à instituer des districts urbains dans les grandes agglomérations
[82] Loi n°66-1069 du 31 décembre 1966 relative aux communautés urbaines,

répondre « aux problèmes posés par les très grandes agglomérations »[83]. Quatre communautés urbaines sont créées d'office par le législateur : Bordeaux, Strasbourg, Lyon et Lille, les autres à la majorité qualifiée de deux tiers des conseils municipaux représentant la moitié de la population (ou inversement) dès lors que les conditions démographiques sont remplies (Cherbourg, Brest, notamment). Les communautés urbaines se voient transférer automatiquement douze compétences structurantes, comme par exemple, l'eau, l'assainissement, les zones d'aménagements (article 4), au profit de cet EPCI qui peut lever l'impôt. Par conséquent, elles sont éligibles aux dotations de l'État : DGF et DGE. Les ressources ne reposent donc plus sur les seules contributions communales, comme dans les syndicats de communes, mais sur une fiscalité et des dotations propres à des fins de solidarité territoriale. On dépasse le simple cadre de la mutualisation, une vision territoriale est recherchée. Avec des compétences aussi étendues, la doctrine théorise déjà la « mort des communes »[84], par une absorption progressive en son sein. L'administration se faisait par un conseil de la communauté dont les membres étaient désignés par les communes, à la représentation proportionnelle de leur poids démographique. Cette formule issue de la loi de 1966 a un bilan mitigé, car elle n'a « connu aucun succès depuis 1973 […] reste limité à 12 »[85], elles n'ont pas eu le succès souhaité.

Une bascule commence à s'opérer avec ces compétences obligatoires et la majorité qualifiée requise

---

[83] E. Kerrouche, op. cit, p.27

[84] H. Roussillon, op. cit, p.671

[85] B. Luisin, « Les raisons de la loi Chevènement », in *Quelle intercommunalité après les réforme récentes*, 1999, p.14

pour la création de la structure. Les prémices de l'atteinte à la liberté communale sont posées, même si cette forme de coopération reste principalement à la discrétion des communes, en dépit des quelques cas de création autoritaire. Toutefois, le bilan de ces lois intégratives est mitigé, ces structures plus intégrées ont du mal à se développer comme l'atteste le nombre de districts ou de communautés urbaines, voire même se sont traduits par des échecs comme celui de Tours. Le district est rapidement devenu « obsolète »[86] puisque les compétences étaient principalement laissées à la volonté communale et certaines sont peu ou pas exercées. Selon la DATAR, en 1988, 40 % d'entre eux exerçaient la compétence lutte contre les incendies, alors qu'elle est obligatoire.

D'autant plus que la forme d'établissement public choisie pour réformer la carte communale n'a pas les faveurs de la doctrine, comme le démontre André de Laubadère dans un article à ce sujet en critiquant l'hypocrisie du législateur sur l'utilisation d'un établissement public pour réformer l'organisation territoriale[87].
Quant aux syndicats de communes qui ont la faveur des communes, leur développement est surtout lié à son régime juridique, mais aussi à une opportunité pour « refuser ou contourner la mise en place de formule astreignantes »[88]. En réalité, ils sont relativement « défaillants », car ils sont liés à la volonté communale, leurs compétences sont

---

[86] N. Dantonel-Cor, « Le contenu de la réforme sur l'intercommunalité », in *Quelle intercommunalité après les réformes récentes*, 1999

[87] A. De Laubadère, « Vicissitudes actuelles d'une distinction classique : établissement public et collectivité territoriale », op. cit.

[88] E. Kerrouche, op. cit., p.40

tributaires des transferts qu'elles souhaitent opérer, c'est-à-dire de leur volonté (il n'y a pas un modèle unique de syndicats de communes) et de nombreux SIVOM n'exercent pas pleinement les compétences qui leur sont attribuées. Seulement 59,05 % d'entre eux sont considérés par la DGCL en 1978 comme de véritables SIVOM, les autres n'exerçant qu'une partie des compétences qui leur sont dévolues, voire ne sont pas mises en œuvre. Les prémices de la coopération politique sont établies.

Après les lois adoptées sous l'ère De Gaulle, aucune réforme d'ampleur n'a eu lieu jusque dans les années 1990, après l'échec de la loi Marcellin, à l'exception de quelques lois techniques pour inciter à l'utilisation par les communes des formules existantes. Une situation de statu quo, qui démontre une coexistence durant cette dernière moitié du XXe siècle entre l'autonomie communale et deux formules de coopération : les syndicats de communes, respectueux de l'institution communale, et des formes intégrées représentaient par les districts, et communautés urbaines. Aucun choix n'est effectué par l'Etat. Dans la même période, le rapport Guichard de 1976 suggère une réforme ambitieuse de l'organisation territoriale, avec des structures supra-communales, formant la base d'une fédération de communes. Il souhaite laisser l'initiative locale aux communes, tout ce qui ne peut être mis en œuvre dans le bloc communal serait exercé par les départements et régions. Les communes exerceraient les compétences de proximité (état-civil, écoles), et au-dessus, les communautés de communes (3.600) et urbaines (750) toutes les autres : un système fédératif est suggéré. Il est similaire à l'organisation territoriale actuelle. Le rapport prend acte de l'échec de la politique de fusion de communes, et propose un autre système de coopération avec la généralisation de ces structures supra-communales, lesquelles exerceraient des compétences structurantes : urbanisme, aménagement du territoire, ou encore les ordures ménagères. Ces dernières structures seraient financées par des dotations et la taxe professionnelle. Ce rapport va poser les bases des réformes ultérieures, et confirmer le choix d'un bloc communal dans un contexte « d'épuisement » des formes de coopérations. Le législateur va consacrer l'affirmation du choix de l'intercommunalité de projet dans la dernière décennie du vingtième siècle.

B/ L'affirmation du choix de l'intercommunalité de projet

Après l'échec des fusions de communes, et le succès relatif des prémices de l'intercommunalité contemporaine, le législateur fait clairement le choix de la mise en œuvre d'une intercommunalité de projet dans les années 1990, conformément aux idées formulées par Olivier Guichard. Avec l'affirmation de cette forme d'intercommunalité, le paradigme du législateur change puisqu'on bascule d'une association de communes à une logique fédérative, proche du fédéralisme administratif démontré par André de Laubadère[89] avec une représentation indirecte et l'exercice de compétences conséquentes et fondamentales. Concrètement, plus qu'une simple mutualisation de compétences par la recherche d'un avantage financier, pour gérer des services publics, elle se traduit par une solidarité entre les communes. L'objectif est d'établir un projet local de développement (autrement dit de territoire), grâce à l'existence d'une fiscalité propre, par la captation de la fiscalité économique locale, pour réduire la concurrence entre elles. Alors que les syndicats de communes reposaient

[89] A. De Laubadère, op. cit., p.438

sur les contributions exclusives des communes. Cette forme d'intercommunalité est censée transcender les intérêts de chaque commune membre. Il s'agit d'une solidarité horizontale intéressant les collectivités territoriales entre elles pour François-Xavier Fort[90], alors que la forme classique était verticale, c'est-à-dire de l'État vers les collectivités locales. L'objectif de cette nouvelle intercommunalité est d'aller au-delà de la simple mise en commun de services publics, symbole des SIVU et SIVOM, cette « finalité fonctionnelle le distingue aujourd'hui radicalement des formules communautaires à fiscalité propre, lesquelles participent d'un projet de rationalisation de l'organisation administrative locale »[91] pour obtenir la création d'un ensemble censé être homogène et pertinent. Ce périmètre est censé préparer les fondations d'une nouvelle circonscription communale dans la durée. L'idée sous-jacente est de faire coopérer les communes entre elles, pour préparer et faciliter une fusion à terme et dans l'immédiat de trouver une solution à l'inadaptation des communes pour répondre aux évolutions de l'action publique. Une logique totalement différente émerge. Les auteurs de ces textes et la doctrine y voient un palliatif à l'émiettement communal, une sorte de compromis dans l'immédiat entre préservation des acquis et modernisation de l'action publique locale qui au long terme doit aboutir à une réorganisation communale. Or, si l'on s'en tient à la définition de ce terme médical, on n'agit pas sur les causes de l'éparpillement, on crée une nouvelle structure pour en limiter ces effets, avec à terme une espérance de fusion par cette coopération. Deux lois ont eu un rôle déterminant dans

[90] FX. Fort, Coopération intercommunale et libre administration, Droit administratif n°2, février 2003, chron. 4
[91] F. Sempé, op. cit.

ce développement : la loi ATR de 1992 et la loi de renforcement et de simplification de l'intercommunalité de 1999.

La loi Administration Territoriale de la République du 6 février 1992[92] vient poser les bases de cette nouvelle forme d'intercommunalité, en consacrant la libre volonté communale dans la construction de ces entités. Deux structures sont créées : la communauté de ville et la communauté de communes. Ce texte vient officialiser la coopération intercommunale en zone rurale avec un degré d'intégration moindre, incarné par la communauté de communes. La difficulté avec ce nouveau texte est l'éparpillement des structures, car elle maintient les structures existantes (énumérées précédemment), tout en souhaitant opérer une rationalisation de l'intercommunalité par la création dans chaque département de commission départementale de la coopération intercommunale. Cette loi a un bilan à nuancer, en dépit du fort succès des communautés de communes, dont se sont emparés les territoires ruraux, comme urbains. Par exemple, Marseille a préféré à l'origine choisir cette formule plutôt que la communauté urbaine.

Le législateur, quelques années plus tard, intervient pour « mettre un peu d'ordre dans cette sédimentation législative »[93], avec la loi dite Chevènement du 12 juillet 1999[94]. Bernard Luisin résume à lui seul les objectifs de ce

[92] Loi n°92-586 du 12 juillet 1999, *relative au renforcement et à la simplification de la coopération intercommunale*
[93] M. Degoffe, « Le renforcement et la simplification de la coopération intercommunale, chronique de législation », AJDA, 1999, p.911
[94] Loi n°99-586 du 12 juillet 1999 *relative au renforcement et à la simplification de la coopération intercommunale*

texte : « relancer la coopération intercommunale [...] sans renouer avec les erreurs du passé», avec une « loi ambitieuse »[95]. Quatre objectifs sont poursuivis : la mise en place de la taxe professionnelle unique, le renforcement démocratique de l'intercommunalité, sa simplification et son développement en milieu urbain, et la consolidation en zone rurale. Le texte reprend les bases posées par la loi ATR censées laisser les communes au cœur du dispositif de la construction intercommunale, en rationalisant les formules, grâce à une « architecture de l'intercommunalité simplifiée autour de trois grandes formes »[96]. La suppression des districts et des communautés de ville est actée, en raison de son échec cuisant, au profit du triptyque : communauté de communes, communauté d'agglomération, et communauté urbaine. La métropole est créée ultérieurement par la loi RCT en 2010, renforcée par la loi MAPTAM de 2014.
L'intercommunalité de projet, depuis ses débuts, repose sur une différenciation statutaire pour mieux s'adapter aux réalités locales avec des degrés d'intégrations plus ou moins forts, le moins élevé étant la communauté de communes. En 1999, le législateur vise surtout l'intercommunalité en milieu urbain suite à l'échec patent de la communauté de ville. Pour la relancer, elle innove en créant la communauté d'agglomération (article L. 5216-1 CGCT) censée répondre à une réalité géographique, non définie juridiquement par les textes : l'agglomération. L'INSEE en donne la définition, une « unité urbaine qui s'étend sur plusieurs communes, et si chacune de ces communes concentre plus de la moitié de sa population dans la zone de bâti continu », qui sert de base à leur identification par l'utilisation de critères : bassin d'emploi, existence d'un espace territorial homogène et des

[95] B. Luisin, op. cit., p.13
[96] N. Dantonel-Cor, op. cit., p21

compétences mises en commun par les communes. Une structure qui vise à prendre en compte le phénomène de la « ville-centre » (en zone urbaine, ou périurbaine) qui comporte et supporte la charge de nombreux équipements dont bénéficient les communes limitrophes sur un périmètre cohérent d'interaction sociale. Elle exerce une attraction sur les autres communes pour l'emploi ou les services. Pour l'article L. 5216-1 du CGCT, l'agglomération comporte un bassin de vie de 50.000 habitants, avec une ville-centre d'au moins 15.000 habitants, et une création automatique pour le chef-lieu de département. La logique de solidarité est renforcée, car elle pousse à mettre en place la taxe professionnelle unique d'office pour toutes les structures de ce type, sauf les communautés de communes qui ont le choix de la laisser aux communes membres avec une part additionnelle au bénéfice de l'intercommunalité.

Pour parachever l'intercommunalité, tout en laissant le choix aux communes, l'État impulse sa politique par la mise en place d'un cadre financier déterminant avec des incitations financières nombreuses, comme des bonifications de dotation générale de fonctionnement ou de dotation générale d'équipement. À titre d'exemple, l'article 105 de la loi Chevènement, souhaite éviter l'échec des communautés de ville, à ce titre, il prévoit une « dotation globale de fonctionnement de 250 francs par habitant », c'est-à-dire le double en comparaison avec la loi Sueur, en cas de création d'une communauté d'agglomération. La méthode n'est pas nouvelle, puisque déjà, en 1966, pour toute création de communauté urbaine, la DGE était majorée de 25 %. Pour Michel Degoffe, toutes ces mesures démontrent un « volontarisme de l'État » lequel illustre « son souci de redessiner par une persuasion sonnante et trébuchante la carte communale »[97] dans la durée. L'outil financier joue un rôle déterminant pour développer l'intercommunalité : l'État a trouvé une méthode pour accélérer cette politique, sans tomber dans l'autoritarisme, grâce à l'incitation. La liberté communale demeure conservée dans la construction intercommunale, même si elle est orientée en pratique. Cette incitation ne porte-t-elle pas les prémices de la réduction de la volonté communale ? On peut légitimement s'interroger. En effet, les incitations financières peuvent altérer ce consentement, avec des communes qui recherchent à retirer le bénéfice financier, sans réfléchir à un projet commun. Malgré tout, l'intercommunalité reste une création des communes, en raison de l'absence de recours à l'autorité. L'incitation conserve formellement une liberté communale.

En 2002, on dénombre 14 communautés urbaines, 120 communautés d'agglomérations, et 2.032 communautés de communes. Environ trois quarts des communes sont membres d'un EPCI à FP.

Les années 1990 se traduisent donc par une volonté de couvrir le territoire d'intercommunalité de projet et de prendre en compte certaines réalités géographiques, comme l'agglomération. La loi ATR adoptée en 1992 vient poser les bases et la loi Chevènement consiste à consolider l'intercommunalité, en lui donnant un nouvel élan. En 1999, il rationalise les structures et le droit applicable, en maintenant une coexistence de différentes formules pour mieux s'adapter aux réalités locales. Malgré ce succès quantitatif, le bilan qualitatif est décrié comme le démontre le rapport de la Cour des comptes de 2005[98]. Ce rapport

---

[97] M. Degoffe, Commentaire de la loi n°99-586 du 12 juillet 1999 relative au renforcement et à la simplification de la coopération intercommunale, AJDA 1999, p.911

[98] Cour des comptes, L'intercommunalité en France, 2005

offensif vient dresser un état des lieux de la coopération intercommunale. Il met en lumière des dérives, notamment les effets d'aubaines captés par les communes avec les incitations financières, lesquelles mettent à mal la logique de l'intercommunalité de projet, censé être une construction d'un projet de territoire et de réorganisation territoriale. La cohérence a pu être oubliée dans l'élaboration des EPCI à FP. Mais les magistrats de la rue de Cambon ne remettent pas en cause cette politique.

Le choix du législateur de développer l'intercommunalité de projet, comme remède à l'émiettement communal, vient consolider le bloc communal, par l'empilement des structures. Par conséquent, la place de la commune ne peut s'envisager qu'en lien avec les multiples structures intercommunales auxquelles elle appartient.

Cependant, cette situation aboutit à une complexification de l'organisation territoriale française, entre la conservation de cet éparpillement communal et le morcellement de la carte intercommunale (avec une dichotomie entre les intercommunalités de service et de projet). Le bloc communal tend à devenir peu lisible et compréhensible : il est pluriel et divers dans son organisation. C'est une rupture par rapport à la clarté souhaitée par les révolutionnaires qui renvoie à un « passé que l'on croyait enseveli sous le cartésianisme du modèle républicain » pour Pierre Sadran[99]. Pour cet auteur, l'intercommunalité aboutit à trois écueils : complexité, surcoûts et déficit démocratique[100] auxquels on pourrait rajouter l'anéantissement de la volonté communale que ce soit tant dans la construction que dans le

---

[99] P. Sadran, op. cit, p.70

[100] Ibid, p.70

fonctionnement de l'intercommunalité. Cette relation commune-intercommunalité apparue avec l'assentiment de la commune tend à s'altérer progressivement. De l'expression de la volonté communale, elle en devient le reflet de l'intervention de l'État dans l'organisation territoriale générant une relation instable, tumultueuse au sein du bloc communal. La commune maîtrise difficilement son destin.

Chapitre 2 : La difficile maîtrise par la commune de son destin

Le Code général des collectivités territoriales, en son article L. 5210-1 pose le principe symbolique d'une libre volonté de la coopération intercommunale : « Le progrès de la coopération intercommunale se fonde sur la libre volonté des communes d'élaborer des projets communs de développement au sein de périmètres de solidarité »[101]. Le législateur a souhaité consacrer une adhésion pleine et entière des communes à intégrer une structure intercommunale. Ces dernières sont censées maîtriser leur avenir, puisque ce choix de coopération de la part de l'État est censé reposer sur un caractère volontaire, charge aux communes d'y participer. Or, cette liberté va progressivement être orientée par les pouvoirs publics, pour « provoquer la coopération »[102]. L'intercommunalité devient progressivement le symbole de l'intervention de l'État en lieu et place de la volonté des communes de s'associer. Une bascule s'opère. Avec cette évolution notable, la relation entre communes et intercommunalités devient tumultueuse tant dans sa construction que dans son fonctionnement. L'organisation de ce bloc est subie par de nombreuses communes, conjuguée à la crainte d'une disparition de la commune par le développement et la consolidation des EPCI à FP. Un paradoxe, alors même que cette structure vise à remédier aux difficultés qu'elles rencontrent, tout en les préservant, selon les arguments officiels. Elles sont en principe conçues pour être au cœur de ce dispositif. Pourtant, la structure intercommunale

[101] Disposition issue de la loi ATR

[102] E. Kerrouche, op. cit., p.48

devient l’acteur prépondérant au sein du bloc communal. En effet, une fois membre d’une telle structure, difficile pour elle de maîtriser son avenir, tant les incidences sur elle sont multiples. Concrètement, l’État a pu imposer sa volonté à l'encontre des choix souhaités par les communes. Ainsi, la libre volonté communale est anéantie dans la construction de l’intercommunalité (section 1), comme dans le cadre du fonctionnement quotidien avec des communes reléguées au profit de l’EPCI à FP (section 2).

Section 1 : Une libre volonté communale anéantie dans la construction de la carte intercommunale

À la suite de la publication d'un rapport au vitriol de la Cour des comptes de 2005 consacré à la politique intercommunale, les pouvoirs publics essaient d'y répondre[103]. En effet, ils vont décider dans les années 2010 d'achever cette carte intercommunale tout en la rationalisant. Pour parvenir à ces objectifs, ils réduisent progressivement le consentement communal dans la construction de l'intercommunalité (Paragraphe 1). Et la libre administration conçu dans l'esprit des élus comme une protection est inopérante face à la volonté étatique (Paragraphe 2).

Paragraphe 1 : La réduction continue du consentement communal

Depuis la loi ATR, le législateur a érigé en principe cardinal la libre volonté communale dans la construction du phénomène intercommunal. Toutefois, c'est l'absence de maîtrise du destin communal qui prime, par un amoindrissement de la volonté communale et un renforcement du rôle de l'État dans l'organisation du bloc communal : il vient piloter, orienter cette politique. Il s'agit d'un phénomène ancien, puisque dès les premières lois adoptées sous la Ve République, la tendance est à la réduction progressive de la libre volonté communale dans la construction de l'intercommunalité (A). Puis, les lois de la décennie 2010 traduisent une consécration de l'atteinte à

[103] op.cit

la libre-volonté communale, par le rôle déterminant du préfet de département (B).

A/ La réduction progressive de la libre volonté communale dans la construction de l'intercommunalité

L'EPCI à FP est l'un des « moyens de surmonter le mal endémique de l'émiettement communal »[104]. À ce titre, l'État face à l'échec des fusions de communes cherche à inciter le plus grand nombre de communes à adhérer à une intercommunalité. Pour parvenir à son objectif, il a créé des entorses à la libre volonté communale, alors même qu'elle est censée reposer sur un caractère volontaire. La création d'un EPCI repose sur un droit commun, en dépit de formalités particulières, lesquelles encadrent certaines formules d'EPCI à FP, comme la communauté d'agglomération (article L. 5216-1 CGCT), la communauté urbaine (article L. 5215-1 CGCT), ou la métropole (article L. 5217-1 et s. CGCT). Pour ces dernières, le législateur impose des conditions de seuil démographique pour pouvoir les constituer[105]. La création est à l'initiative du préfet ou des communes, avec une adhésion pleine et entière des communes pour être intégrée dans les EPCI : l'État n'est pas censé aller contre leur gré, au regard des conséquences induites sur l'action communale. L'initiative communale suppose une liberté des communes de s'associer avec les communes qu'elles souhaitent. Il s'agit d'une « rencontre de volontés communales allant dans le même sens

[104] FX Fort, « Coopération intercommunale et principe de libre administration », Droit administratif n°2, février 2003

[105] A titre d'exemple, une communauté urbaine est constituée d'un « ensemble de plus de 250 000 habitants » : CGCT, art. L. 5215-1

», selon Sylvain Cals[106]. Le recours à l'unanimité est censé garantir un fonctionnement optimum de cette instance supra-communale.

La bascule s'opère rapidement dès le début de la Ve République avec l'ordonnance du 5 janvier 1959[107]. Ce texte qui, institue le SIVOM, consacre le contraire d'une libre volonté communale par la mise en place d'une majorité qualifiée dans la création de cette structure. Dès lors que les deux tiers des communes représentant la moitié de la population (ou inversement) sont favorables à la création sur le projet de périmètre, le SIVOM est créé par le préfet après avis conforme du conseil général. Le passage de l'unanimité à la majorité qualifiée permet d'intégrer des communes réticentes, en levant l'obstacle communal pour permettre le développement de l'intercommunalité. Par conséquent, le droit de véto conféré à une commune est supprimé. Cette ordonnance de 1959 opère une bascule, puisqu'il s'agit du premier texte dit « intégrationniste »[108]. Ce mouvement est renforcé par la loi du 31 décembre 1970, sur la gestion municipale et les libertés communales[109] avec l'uniformisation des règles de création entre SIVU et SIVOM, par généralisation de la majorité qualifiée.
Toujours sous l'emprise de l'ordonnance du 5 janvier 1959, est institué le district urbain, sous la forme d'un

[106] S. Cals, « Intercommunalités : création et modification des EPCI à FP », Encyclopédie des collectivités locales, Dalloz, folio n°1030
[107] Ordonnance du 5 janvier n°59-29 remplaçant les articles 141, 142, 145, 147 du Code de l'administration communal relatifs aux syndicats de communes
[108] M. Bourjol, L'intercommunalité, Réflexions autour d'un mythe, *in Mélanges Auby*, 1992, p. 390
[109] Loi n°70-1297 du 31 décembre 1970 *sur la gestion municipale et les libertés communales*

établissement public territorial, pour « tenter de résoudre le problème des agglomérations multicommunales »[110]. Il vise à prendre acte de l'exode rural et de l'urbanisation. Ces phénomènes ont bouleversé l'organisation communale, il est donc nécessaire d'adapter la carte communale à cette réalité géographique. La création repose, là aussi, sur une majorité qualifiée[111]. Enfin, l'atteinte est d'autant plus marquée par la création autoritaire de 4 communautés urbaines[112], par le législateur en 1966[113], même si dans les faits, on pouvait dénoter un consentement local des communes concernées, pour créer cette nouvelle structure. Hormis ces quelques hypothèses de création autoritaire, la majorité qualifiée devient la norme avec les textes adoptés sous l'ère Debré. Elle vient donc porter atteinte à la liberté communale puisqu'une commune peut être intégrée contre son gré et permet de lever l'obstacle qu'elle représente dans la création de la structure de coopération intercommunale.

Cette majorité qualifiée est dorénavant la règle dans le processus de création des EPCI à FP, selon les conditions posées aux articles L. 5211-5 et suivants du CGCT aujourd'hui, en prévoyant « un accord qui doit être exprimé par deux tiers au moins des conseils municipaux des communes intéressées représentant plus de la moitié de la population totale de celles-ci, ou par la moitié au moins des conseils municipaux des communes représentant les deux tiers de la population ». Elle permet donc une intégration forcée d'une commune. La jurisprudence est sur la même

---

[110] A. de Laubaère, op. cit., p. 413

[111] Ordonnance n° 59-30 du 5 janvier 1959 *tendant à instituer des districts urbains dans les grandes agglomérations*

[112] Bordeaux, Lyon, Lille, Strasbourg

[113] Article 3, Loi n° 66-1069 du 31 décembre 1966 *relative aux communautés urbaines*

position. Les juges du Palais royal ont admis assez tôt que « l'opposition d'une seule commune ne peut faire échec à cette création et contrarier ainsi un projet de création voulu par la majorité d'entre elles »[114]. Une ou plusieurs communes récalcitrantes ne pourront plus s'opposer à leur intégration au sein d'un EPCI à FP : la volonté majoritaire de s'associer s'impose dorénavant sur les intérêts particuliers, en dépit des effets induits sur chaque commune.

Cette mise à mal du consentement communal est renforcée par la subordination des projets de création ou de modification des EPCI à FP à des critères de pertinence territoriale. Ils permettent de veiller à la cohérence ainsi qu'à la continuité des périmètres intercommunaux. En effet, depuis la loi Chevènement, elles sont assujetties à la nécessité d'un périmètre d'un seul tenant et sans enclave, c'est-à-dire qu'on vient anéantir dans le périmètre d'un EPCI la situation de la commune isolée ou rattachée à une autre intercommunalité afin d'assurer une continuité territoriale. Elle sera malgré son désaccord éventuel rattachée. La loi libertés et responsabilités locales de 2004[115] a créé une dérogation à ce principe pour favoriser le maillage du territoire en EPCI à FP, laquelle fut supprimée par la loi RCT. De plus, les textes interdisent à une commune d'adhérer à plus d'un EPCI à FP ou d'en créer un dont le périmètre équivaut à celui du département. Toutes ces mesures ont abouti à affaiblir considérablement la volonté communale dans la construction du bloc communal, par une liberté communale, certes existante, mais fortement réduite et encadrée.

[114] CE, 2 octobre 1996, Communes de Bourg-Charente, de Mainxe et de Gondeville

[115] Loi n°2004-809 du 13 août 2004 relative aux libertés et responsabilités locales

Dans cette procédure, soumise théoriquement à l'initiative communale, l'État n'est jamais éloigné puisqu'il intervient à plusieurs reprises. Il souhaite maîtriser la construction de l'intercommunalité. Tout d'abord, il fixe le cadre juridique applicable par l'élaboration des règles de création et de fonctionnement, mais surtout parce que le représentant de l'État dans le département a un rôle prépondérant dans la mise en œuvre de la procédure. En premier lieu, il va proposer un arrêté de délimitation du périmètre qui fixe la liste des communes intéressées, dans les deux mois, après transmission de la demande d'un ou plusieurs conseils municipaux[116]. Il n'y a pas de compétence liée pour le préfet, car il n'est pas tenu de donner suite à cette demande[117] et il peut rattacher toute commune qui lui paraît pertinente pour intégrer le périmètre[118]. Le juge administratif admet qu'une commune qui n'a pas initialement manifesté son intérêt peut être intégrée dans cet arrêté de délimitation, par simple volonté du préfet. La jurisprudence est venue reconnaître un pouvoir d'opportunité au profit du représentant de l'Etat.
Une fois que les consultations des communes mentionnées dans le périmètre ont eu lieu, c'est le préfet qui prononce l'arrêté de création de l'EPCI à FP : « la constitution de l'établissement public de coopération relève bel et bien d'une compétence d'État : celle du représentant de l'État dans le département concerné »[119]. Là encore, le préfet n'est pas tenu de le prononcer, alors même que les conditions de

[116] CGCT, art. L5211-5, I, 1°

[117] CAA Bordeaux, 25 juin 2001, Commune du Port et autres, n°97BX01988

[118] CE, 15 février 1984, Association industrielle du Territoire de Belfort et régions limitrophes, Lebon 66

[119] S. Cals, op. cit.

majorité requise sont satisfaites [120] . Les souhaits communaux peuvent se heurter à la volonté supérieure du préfet. Ce rôle clé de l'État et les prérogatives conférées au préfet de département, sont conditionnés à l'hypothèse d'une initiative communale. Il se contente d'un accompagnement et d'un ajustement des souhaits communaux, par la possibilité de les faire évoluer au regard des aspects mentionnés. Ils constituent une sorte de guide pour le préfet.
De plus, la loi Chevènement reconnaît un pouvoir d'initiative au préfet de département dans la création de l'EPCI. Il peut provoquer la création d'intercommunalité, tout en obtenant l'accord des communes, dans les conditions précédemment énoncées. Toutes ces dispositions contribuent au renforcement de la lente agonie de l'initiative communale déjà amoindrie par la procédure mentionnée et les prérogatives relatives à l'opportunité préfectorale. Ces atteintes, même mineures, à la volonté des communes portent en elles les germes d'une bascule dans la construction intercommunale. Ainsi, la liberté communale ressort amoindrie avant d'être anéantie par la loi RCT de 2010, laquelle consacre l'anéantissement de la libre volonté communale par le recours à l'autorité.

B/ La consécration de l'anéantissement de la libre volonté communale

Au début des années 2000-2010, l'intercommunalité est au milieu du gué. La loi Chevènement connaît un engouement. 88 % des communes sont rattachées à un EPCI à FP en 2005, malgré l'existence de disparité territoriale. En Île-de-France, seulement 60 % des communes adhéraient à

[120] CE, 2 octobre 1996, Commune de Civaux, n°165055

un EPCI à FP[121]. Dans le même temps, la Cour des comptes publie en 2005 son rapport sur l'intercommunalité. Les juges de la rue de Cambon saluent les efforts menés, il s'agit d'un « succès quantitatif », mais ils dénoncent un bilan qualitatif très « contrasté ». Les incitations financières pour favoriser la coopération ont entraîné la création d'effet d'aubaine par les communes. En effet, dans ses débuts, on observe la constitution d'intercommunalité aux périmètres incohérents pour mettre en œuvre les politiques publiques pourtant censées reposer sur un « espace de solidarité pour un projet commun ». Cette absence de périmètre cohérent vient nuire aux économies d'échelle escomptées, à la lisibilité et l'efficacité de l'action publique que les magistrats dénoncent. Ils insistent sur la nécessité d'un territoire couvert par des EPCI à FP qui « correspondent aux réalités économiques et sociale » [122], ce qui n'est majoritairement pas le cas. Des intercommunalités ont été créées pour des raisons politiques, financières, défensives ou encore circonstancielles, sans réelle réflexion, au regard des enjeux cités précédemment. Cette situation aboutit à une opacité pour le citoyen, renforcée par une absence de simplification de la carte intercommunale. On assiste à un cumul des structures entre EPCI à FP et syndicats de communes. Aucun effort de rationalisation n'a été fait, le bloc communal représentait environ 55.000 structures à ce moment-là. Le bloc communal se caractérisait par un empilement de structures, alors même que la loi de 1999 prévoyait la dissolution du syndicat communal en cas de création d'une intercommunalité sur le périmètre d'un syndicat communal qui exerçait les mêmes compétences.

[121] Cour des comptes, *L'intercommunalité en France*, 2005
[122] Ibid, p.76

Cet effort de simplification fut vain, comme l'atteste la faible diminution des SIVU ou SIVOM.
À la lecture de ce rapport, les objectifs quantitatifs sont quasiment remplis, en dépit de carences qualitatives. La seule adhésion d'une commune à cette structure semble avoir guidé les pouvoirs publics, sans réelle démarche prospective. Le rapport Balladur du 5 mars 2009[123] aborde le sujet intercommunal, dans le cadre d'une partie consacrée à l'organisation territoriale de la République. L'esprit est similaire aux constats dressés par les magistrats financiers. Il préconise l'achèvement et la « rationalisation du périmètre géographique des EPCI », pour réaliser les économies d'échelle espérées, en lien avec la pertinence du périmètre pour un exercice effectif des compétences.

La réalisation de cet objectif doit prendre la forme d'une adhésion obligatoire des communes à un EPCI à FP avant la fin de l'année 2013. À défaut, le préfet de département pourrait rattacher d'office une commune à un EPCI à FP. Le comité Balladur suggère la fin de la libre volonté communale par cette obligation de rattachement et l'accentuation du rôle de l'État par des mesures coercitives. C'est le souhait du renforcement de la place du représentant de l'État dans la procédure même s'il n'y est jamais éloigné.

Depuis la loi Chevènement, l'initiative de création d'un EPCI appartenait concomitamment aux communes et au préfet de département ; il pouvait proposer la création d'un EPCI après avis de la CDCI et de l'accord à la majorité qualifiée des communes concernées. Au-delà de l'initiative, il avait un rôle décisionnel, au stade de l'initiative, lors de

[123] Comité pour la réforme des collectivités locales, présidé par E. Balladur, Il est temps de décider, 5 mars 2009

la délimitation, l'extension du périmètre et pour la prise de décision finale grâce à son pouvoir d'appréciation. Il est en capacité de faire évoluer les volontés communales et de ne pas forcément y donner suite. Or, dans les faits, ils se sont cantonnés à informer, accompagner les volontés communales et à faire un « usage modéré » de leurs prérogatives [124] pour « corriger les situations les plus caricaturales »[125]. Cette attitude vient justifier le choix de l'exigence de la continuité territoriale au détriment de la cohérence des périmètres, dénoncé par les rapports mentionnés. L'atteinte aux droits des communes est mesurée en raison de l'attitude d'accompagnement de l'État.

La loi RCT[126] est venue traduire juridiquement le rapport du comité pour la réforme des collectivités territoriales. Elle reprend les propositions effectuées en matière intercommunale pour parachever la carte intercommunale, tout en la rationalisant. L'intercommunalité de projet, en tant que symbole des volontés communales, cède la place à l'intercommunalité de projet symbole du rôle prépondérant et exclusif de l'État dans l'organisation locale. Avec cette loi, la contradiction domine. Le CGCT consacre la libre volonté communale dans l'intercommunalité et cette loi vient consacrer une obligation de rattachement au 1er juillet 2013. La commune isolée est censée disparaître au 1er janvier 2014[127]. Elle est le symbole de l'intercommunalité forcée. Pour Françoise Sempé, elle représente une « intégration forcée [...] à l'obligation, pour la commune,

---

124 Rapport Cour des comptes, L'intercommunalité en France, op. cit., p.38

125 Ibid, p.41

126 Loi n°2010-1563 du 16 décembre 2010 *de réforme des collectivités territoriales*

127 Article 38 de la loi RCT, modifiant l'article L. 5210-1-2 du CGCT

d'abandonner certaines de ses compétences »[128]. Le législateur est venu « réarmer les préfets contre les élus »[129], en s'appuyant principalement sur les outils existants, à l'instar de la CDCI et du SDCI. Ces dispositifs « constituent le cadre dans lequel devait initialement s'inscrire la rationalisation de l'intercommunalité »[130]. L'article 60 contient les mesures relatives à cette volonté d'achèvement, pour atteindre une couverture intégrale du pays ; de simplification, par la création de structure adaptée ; et de rationalisation, par diminution du nombre de structures de la carte communale. Pour parvenir à cet objectif, plusieurs étapes sont prévues, avec une phase coercitive, censée constituer l'ultime étape, laquelle démontre la volonté d'éviter ce recours. Avec ce nouveau cadre, le préfet peut imposer tous projets de création, modification, fusion d'EPCI aux communes.

Jusqu'au 31 décembre 2011, a eu lieu la phase d'élaboration des SDCI. Ils devaient prévoir l'existence d'EPCI supérieurs à 5000 habitants, une cohérence des périmètres et veiller à la solidarité financière. L'élaboration des SDCI est orientée en vue d'une rationalisation (articles 35 à 37). À cette date, les SDCI devaient être arrêtés dans chaque département. Or, seulement 66 départements avaient respecté cette obligation[131]. Puis, à partir du 1er

[128] F. Sempé, Question prioritaire de constitutionnalité et intercommunalité, *in Mélanges P. Bon, Dalloz 2014,* p. 593
[129] B. Faure, *Droit des collectivités territoriales*, op. cit, p.439
[130] V. Aubelle, « Une ambition dévoyée ou les perspectives quant aux usages à venir du SDCI », AJCT 2012, p.144
[131] En ce sens, le projet de SDCI présenté le 2 mai 2011 à la CDCI du département de Lot-et-Garonne souhaite passer de 22 EPCI à FP et 13 communes isolées en 2011, pour créer 15 EPCI à FP.

janvier 2012, deux phases étaient prévues, en fonction de l'adoption ou non des SDCI.

Jusqu'au 31 décembre 2012, à compter de l'adoption du SDCI, le préfet met en œuvre par arrêté préfectoral les projets contenus, après consultation des communes. Il peut aussi initier la création d'un EPCI, non prévu par le SDCI, après consultation de la CDCI et des communes, sous réserve des conditions de majorité requises. Ce délai d'un an fut critiqué par les élus locaux et la doctrine. Il fut jugé comme trop restrictif, sachant qu'un délai de six mois minimum est nécessaire pour préparer la mise en œuvre du projet[132]. Si le SDCI n'est pas adopté, comme ce fut le cas dans 33 départements, il peut procéder à la création sans même consulter la CDCI, contrairement à l'hypothèse d'une adoption de cet acte. La loi Pélissard[133], adoptée en 2012, est venue corriger cette anomalie.

Une fois cette période terminée, jusqu'au 1er juin 2013, en l'absence d'accord des communes (sous réserve des conditions de majorité qualifiée), le préfet peut prononcer le rattachement d'une commune, la modification d'un périmètre d'un EPCI, voire même la fusion, sans forcément respecter les préconisations du SDCI. Avec ces pouvoirs exorbitants, il peut passer outre « les réticences du bloc communal »[134]. Les communes ne sont pas totalement occultées, puisque le préfet doit consulter la CDCI, laquelle peut s'opposer à une majorité de deux tiers de ses membres. Il ne peut contredire un refus de cette dernière, il s'agit de la seule limite au pouvoir préfectoral, dès lors qu'elle propose un projet alternatif. Cependant, les conditions sont assez restrictives pour faire infléchir la volonté préfectorale.

---

[132] Circulaire du 12 janv. 2012, NOR : IOCB1132783C

[133] Loi n° 2012-281 du 29 février 2012 *visant à assouplir les règles relatives à la refonte de la carte intercommunale*

[134] S. Cals, op. cit.

Des garanties très faibles sont apportées aux communes. Le même raisonnement s'applique en matière de fusion d'EPCI à FP.

Suite à ce texte, 99,9 % des communes françaises sont rattachées à un EPCI à FP, à l'exception des quatre îles mono-communales (île d'Yeu, île d'Ouesnant, île de Bréhat, île de Sein). L'objectif de couverture intégrale a été atteint au prix d'une réduction drastique de la libre volonté communale, surtout si on pense aux conséquences ultérieures sur le fonctionnement de la commune et à la réduction de ses possibilités d'intervention. Les métropoles ont été créées autoritairement par la loi RCT, dont le nombre a été élargi par la loi MAPTAM, avec la création de la métropole du Grand Paris et d'Aix-Marseille et la transformation automatique de nombreuses communautés urbaines, en métropole (Bordeaux, Toulouse, par exemple).

Cette méthode autoritaire s'est répétée avec la loi NOTRe[135]. Elle est venue rationaliser l'intercommunalité en imposant un seuil de population minimal de 15.000 habitants pour les EPCI à FP, alors que le projet initial du Gouvernement visait un seuil à 20.000 habitants. Un compromis a été trouvé avec les élus locaux. Toutefois, une dérogation à ce seuil est admise, pour les zones montagneuses ou à très faible densité, selon des critères relativement sophistiqués, sans pouvoir être inférieure à 5.000 habitants [136]. Cette augmentation vise à réduire le nombre de communautés de communes, principalement situées en zone rurale, où les communes sont le moins

[135] Loi n°2015-991 du 7 août 2015 *portant nouvelle organisation territoriale de la République*

[136] CGCT, art. L. 5210-1-1 III

favorables à l'intercommunalité en créant des périmètres plus vastes pour un exercice effectif des compétences. En même temps, elle a accentué la dilution de la commune en son sein. La méthode utilisée est la même que sous la loi RCT : on confie de nouveau au préfet des pouvoirs supplémentaires pour procéder à ce remodelage de la carte intercommunale.

Le renforcement de la présence de l'État dans l'organisation du bloc communal n'a pas disparu. Ces dispositions censées être temporaires sont toujours en vigueur, tandis que le CGCT contient des procédures qui consacrent, en lien avec la marge d'appréciation toujours reconnue au préfet, la possibilité d'une extension autoritaire. Par exemple, l'intégration d'une commune à un EPCI, lors d'une transformation statutaire en agglomération (article L. 5211-41- 1 du CGCT). Autant de dispositifs qui affectent, réduisent à néant la libre volonté communale dans la construction et l'évolution de l'intercommunalité. Toutes les réformes de la dernière décennie illustrent un changement de paradigme, on passe « d'une intercommunalité de choix à l'obligation législative »[137]. Cette intervention étatique est la traduction de l'intérêt de l'État pour l'organisation territoriale, notamment du bloc communal, qui en réalité vise à inciter la commune à se réformer à terme, par cette accélération et consolidation de l'intercommunalité dont elles ne maîtrisent plus l'action. Pascal Combeau résume les effets de l'intercommunalité sur les communes et la libre administration dont elles bénéficient : « l'intercommunalité dans son principe concerne davantage l'organisation que la libre

---

[137] A. Aveline, « Intercommunalité : la réforme continue », AJCT 2014, p. 426

administration, l'intercommunalité forcée, en touchant au domaine propre de compétence des communes, en heurte donc directement le principe »[138]. Les récentes lois porteraient atteinte à la libre administration, pourtant elle n'est pas d'un grand secours pour les communes, car elle est inopérante.

Paragraphe 2 : Une libre administration inopérante

L'intercommunalité a des « incidences directes sur la nature du pouvoir communal »[139] puisqu'elle modifie en profondeur son fonctionnement, ses compétences. L'appartenance à une telle structure n'est pas neutre. Elle serait susceptible d'affecter la libre administration des communes dont elle bénéficie au regard de leur qualité de collectivités territoriales. Au regard des développements précédents, on peut observer que la libre volonté communale dans la construction de l'intercommunalité a été réduite progressivement, en raison d'une libre administration réduite à néant (A), et ce, en dépit de garanties existantes que le législateur est censé mettre en œuvre au profit des communes (B).

A/ Une libre administration réduite à néant

Les communes, en qualité de collectivités territoriales de la République, bénéficient du principe de libre administration consacré aux articles 34 et 72 de la

---

[138] P. Combeau, « Intercommunalité, communes nouvelles et libre administration des collectivités territoriales », AJDA 2017, p. 350

[139] J. Montain-Domenach, « Principe de libre-administration et intercommunalité : transition et incertitudes », Cahiers du Conseil constitutionnel n°12, mai 2002

Constitution du 4 octobre 1958. Le constituant n'a pas pris soin de la définir, il s'agit d'un « principe muet »[140]. Par conséquent, la doctrine a cherché à lui donner un contenu. Pour Michel Verpeaux, il s'agit principalement d'une « autonomie de gestion »[141]. Dans le débat public, dans l'utilisation faite par les acteurs locaux, il s'agirait d'une liberté des collectivités territoriales face à l'État, dont elles peuvent se prévaloir. Cette conception est dévoyée par rapport au caractère unitaire de l'État, lequel ne leur confère pas un pouvoir absolu d'obéir à leurs propres règles et volontés, notamment en matière d'organisation territoriale, ce que la jurisprudence vient confirmer. Si elle reconnaît un noyau-dur de règles au profit des collectivités territoriales, lesquelles ne peuvent être remises en cause par le législateur[142]. Les communes ne peuvent également s'en prévaloir en matière d'intercommunalité.

La jurisprudence du Conseil constitutionnel vient donner du corps à cette notion, en raison de la « compétence exclusive du législateur pour fixer les conditions du principe de libre administration »[143] par une application timide de ce principe. Il veille à son application depuis une décision de 1979, Territoire de Nouvelle-Calédonie[144], dans le cadre du contrôle a priori, et a posteriori depuis 2010[145], en la reconnaissant comme un droit et liberté reconnu par

[140] M. Troper, *La libre administration des collectivités territoriales*, in J. Moreau et G. Darcy (dir.) Economica-PUAM, 1984, p.55

[141] M. Verpeaux, op. cit., p. 235

[142] Pour Bertrand Faure, un principe garantie par et contre la loi, op. cit., p. 33 et s.

[143] F. Sempé, *Question prioritaire de constitutionnalité et intercommunalité, in Mélanges P. Bon, Dalloz 2014,* p. 593

[144] CC, 23 mai 1979, n°79-104DC

[145] CC, 2 juillet 2010, n°2010-12QPC, *Commune de Dunkerque*

l'article 61-1 de la Constitution. C'est dans le cadre du contrôle a posteriori que le Conseil constitutionnel s'est prononcé sur l'intercommunalité forcée. La QPC a constitué une stratégie contentieuse pour les communes réticentes et contestataires. Il a rapidement admis que la compétence législative permet d'opérer des restrictions à ce principe pour limiter le champ d'action des collectivités territoriales. La politique de développement de l'intercommunalité s'inscrit dans cette lignée. Il s'agit d'une jurisprudence constante, selon laquelle le juge admet cette seule compétence au profit du législateur, pour restreindre, amoindrir cette liberté par le biais « d'obligations[...] ou d'interdictions »[146]. Par exemple, un texte peut édicter des obligations à une collectivité locale sans pour autant le sanctionner [147].

La jurisprudence constitutionnelle précise que l'organisation des collectivités territoriales relève de l'État et non de la libre administration. En ce sens, la création d'intercommunalité n'est pas constitutive d'une atteinte, alors que l'intercommunalité forcée qui vise à remédier à des situations particulières l'affecte, tel qu'il en ressort des décisions. Cette politique vient donner un éclairage, en l'absence de décisions constitutionnelles sur les lois de 1992 et de 1999, qui ont commencé à réduire la volonté communale, par l'altération progressive du consentement. Dans une myriade de décisions rendues dans le cadre de questions prioritaires de constitutionnalité[148], les juges de la rue de Montpensier en appliquant le même raisonnement ont reconnu que « les règles relatives au rattachement à un

---

[146] CC, 7 décembre 2000, n°2000-436DC, Loi SRU

[147] CC, 1984, n°83-168, *Loi relative à la fonction publique territoriale*

[148] CC, 26 avril 2013, n°2013-315 QPC, Commune de Puyravault, Couvrot ; CC, 23 janvier 2014, n°2013-687 DC, Loi MAPTAM, (sans prétendre à l'exhaustivité)

EPCI à fiscalité propre des communes isolées ou en situation d'enclave ou de discontinuité territoriale affectent la libre administration de celle-ci », sans censurer la loi. Des décisions surprenantes, à première vue, puisqu'une atteinte à un principe protecteur n'est pas sanctionnée.

En effet, l'atteinte n'est pas systématiquement sanctionnée, comme dans la question prioritaire de constitutionnalité, commune de Couvrot. La violation de la libre administration dont bénéficient les communes par ces dispositifs est admise, au nom d'un intérêt général : « le législateur peut, sur le fondement des articles 34 et 72 de la Constitution, assujettir les collectivités territoriales ou leurs groupements à des obligations ou les soumettre à des interdictions, c'est à la condition, notamment, que les unes et les autres répondent à des fins d'intérêt général »[149]. Cet intérêt général permet de justifier, temporiser la portée de l'atteinte. Il vient « neutraliser »[150] la libre administration, elle s'incline face à lui. Le juge va vérifier son existence, au cas par cas, pour voir si chaque disposition législative contestée en contient un, en dépit d'une définition générale. Cet affaiblissement de la libre administration par l'intérêt général n'est pas une nouveauté, puisque dans une décision du 8 juillet 2011, Département des Landes, le juge constitutionnel adopte le même raisonnement, dès lors que le législateur précise la nature de cet intérêt général. Il transpose son raisonnement à d'autres domaines. L'atteinte est subordonnée à l'existence d'un intérêt général dans le texte de loi. Il convient de remarquer qu'il reprend dans la plupart des cas les termes de la loi pour fonder l'intérêt

---

[149] CC, 25 avr. 2014, n° 2014-391 QPC, *Commune de Thonon-les-Bains et a.*

[150] P. Combeau, « Intercommunalité, communes nouvelles et libre-administration des collectivités territoriales », op. Cit,

général. Il utilise la terminologie des politiques publiques, plus que des concepts juridiques : « le législateur a entendu favoriser l'achèvement et la rationalisation de la carte de l'intercommunalité ». Le Conseil constitutionnel cherche à protéger la volonté du législateur et une partie de la doctrine, comme Pascal Combeau estime qu'il n'est « pas objectivement défini »[151]. La recherche de cet objectif est une nécessité pour éviter la censure de la disposition litigieuse qui porte atteinte à la libre administration. Il s'agit d'une position constante dans le cadre du contentieux de l'intercommunalité forcée.
Si la puissance de l'intérêt général permet d'anéantir l'atteinte au principe, sa valeur juridique doit être assez forte pour justifier la non-application d'un principe constitutionnel. Il serait étrange qu'un intérêt général à simple valeur législative puisse déroger à une norme constitutionnelle afin de respecter un parallélisme des formes. Pourtant, en l'espèce, il n'existerait pas car il aboutirait à un « renversement de la hiérarchie des normes »[152]. Un objectif poursuivi par une loi permet d'entraver l'exercice d'une norme constitutionnelle, ce qui peut surprendre. Françoise Sempé est plus nuancée, elle admet que la norme d'intérêt général n'a pas de valeur constitutionnelle à l'origine, mais qu'elle le devient par « l'autorité du juge »[153].

Cependant, l'atteinte par l'intérêt général est encadrée : elle doit être proportionnée. Le juge constitutionnel a sanctionné des modalités de mises en

---

[151] Ibid

[152] C. Regourd, « Libre administration et intercommunalité », AJDA 2018, p. 2327

[153] F. Sempé, Question prioritaire de constitutionnalité et intercommunalité, *in Mélanges P. Bon, Dalloz 2014,* p. 593

œuvre par le législateur pour réaliser l'objectif d'intérêt général qu'il prévoit et non les pouvoirs renforcés du préfet qu'il valide : « les dispositions contestées ne prévoient aucune consultation des conseils municipaux intéressées par ce rattachement et, en particulier, du conseil municipal de la commune dont le rattachement est envisagé ; que, par suite, ces dispositions portent à la libre administration des communes une atteinte manifestement disproportionnée »[154]. Par la réalisation d'un contrôle de proportionnalité, il va concilier l'objectif d'intérêt général poursuivi par la loi avec le respect du principe de libre administration. Il va vérifier si l'atteinte par la mesure mise en œuvre n'est pas excessive, c'est-à-dire sanctionner les mesures les plus attentatoires, celles qui n'offrent pas de garanties suffisantes au respect de la libre administration. Le contrôle de proportionnalité permet d'admettre des atteintes minimes, d'autant plus que le juge va sanctionner « les atteintes manifestement disproportionnées », autrement dit celles qui se relèvent de manière évidente. Ces contreparties sont donc indispensables car elles représentent une « préservation minimale de la liberté des communes [...] condition de la constitutionnalité » pour Françoise Sempé[155]. La consultation des communes est l'une des conditions de l'exercice de la libre administration, le législateur doit la prévoir. Une telle absence est sanctionnée. En effet, cela revient à priver la commune d'un pouvoir de décision ou du moins d'influence, pour lui permettre d'exprimer sa volonté, son opinion sur le projet de rattachement dans le cadre d'une consultation pour avis simple sans réel effet sur la décision du préfet. Elle vise

---

[154] CC, 25 avril 2014, n°2014-391QPC, Commune de Thonon-les-Bains et a.

[155] F. Sempé, op. cit.

seulement à associer et informer le préfet des souhaits des communes. L'atteinte à la libre administration est neutralisée par l'intérêt général. Toutefois, elle n'est pas absolue, dès lors qu'elle n'est pas disproportionnée par l'existence de « garanties apportées aux communes, qui permettent de contrebalancer les pouvoirs exceptionnels reconnus aux préfets »[156], même si on peut discuter de la portée de ces instruments[157].

En dépit d'une invocabilité forte, ce principe constitutionnel n'est pas une protection pour les communes, son effectivité est extrêmement faible. Ces dernières subissent les choix de l'État, rappelant le caractère unitaire de la République dont elles sont tributaires dans l'organisation territoriale. En réalité, cette coopération intercommunale « concerne non pas la libre administration mais davantage l'organisation des collectivités territoriales au sens du CGCT (qui y inclut le nom, le territoire ou le fonctionnement de ses organes), qui ressort de la compétence exclusive de l'État »[158]. Le juge constitutionnel justifie cette neutralisation de la libre administration dans un commentaire officiel sous la décision du 25 avril 2014, en précisant que « la libre administration ne signifie pas la liberté d'organisation ». Admettre que l'intercommunalité vise une logique d'organisation territoriale est une réalité, mais il ne faut pas occulter ses impacts sur les communes, affaiblissant son action. Le lien entre organisation territoriale et action des collectivités locales est dense. La faible protection constitutionnelle est décevante, malgré

---

[156] M. Verpeaux, « L'émergence d'un droit constitutionnel de l'intercommunalité », JCP A 2014, p. 2274

[157] Cf infra

[158] P. Combeau, « Intercommunalité, communes nouvelles et libre administration des collectivités territoriales », Op.cit.

l'exigence de contreparties pour justifier une violation censée être proportionnée. L'atteinte à la libre administration nécessite l'aménagement, la création de dispositifs pour permettre aux communes de se défendre contre l'État. Pourtant, ces instruments défensifs se caractérisent par une faible portée juridique.

B/ La faible portée des instruments défensifs au profit des communes

La validation de l'atteinte à la libre administration en matière d'intercommunalité suppose l'existence d'instruments défensifs au profit des communes. Ces derniers sont censés leur permettre d'exprimer leur volonté, leur sentiment, sans toutefois pouvoir réellement influencer le processus décisionnel, comme le démontre la garantie apportée par la consultation. Pour de nombreux auteurs, la libre administration est conçue comme une garantie qui « n'est pas matérielle mais procédurale »[159], et non une protection matérielle de leurs libertés face à l'Etat, même si la jurisprudence constitutionnelle reconnaît un noyau dur de prérogatives auquel le législateur ne peut porter atteinte. Ces garanties offertes aux communes pour préserver la libre administration dans le cadre des réformes sur l'intercommunalité sont pour « l'essentiel artificielles »[160]. Concrètement, le juge constitutionnel exige seulement des contreparties procédurales (mêmes faibles) pour qu'une atteinte soit proportionnée, à défaut, elle est sanctionnée. Or, au regard des effets induits par l'intercommunalité sur les communes, ces protections sont relativement faibles car la commune est dans une position de faiblesse face au choix

[159] B. Faure, op. cit., p.32
[160] J. Domenach-Montain, op. cit.

de la préfecture. Elle est tributaire de la volonté préfectorale. En effet, cette exigence prend principalement la forme d'une consultation des conseils municipaux, telle qu'elle ressort de la décision Thonon-les-Bains de 2014. Elle n'est pas la panacée contre un refus communal, car il s'agit avant tout d'une consultation. Par conséquent, ses effets juridiques dans la procédure de l'intercommunalité forcée sont limités puisqu'elle n'a aucun effet juridique contraignant. Il s'agit seulement d'associer la commune dans le processus d'élaboration, elle ne peut faire infléchir un projet. Elle est associée à la procédure de rattachement par cet avis, lequel ne lie pas le préfet, car il ne s'agit pas d'un avis conforme. Il est donc impossible pour une commune de s'opposer à un rattachement autoritaire ou contre sa volonté dans le cadre d'une procédure classique, avec la majorité qualifiée nécessaire.

En outre, les communes dans la construction de la carte intercommunale sont associées par l'intermédiaire de la CDCI (c'est-à-dire indirectement). Elle a été créée à l'origine par la loi ATR, pour planifier, inciter à la coopération. L'esprit de rationalisation était déjà présent, car ces commissions avaient pour objectif initial de « rationaliser la structuration intercommunale dans chaque département ». Elle fut la cheville ouvrière de l'intercommunalité forcée, même si cette commission était censée contrebalancer les prérogatives du préfet. À la lecture de l'article L 5211-45 du CGCT on distingue deux rôles de la CDCI, Bertrand Faure y voit une intervention « ponctuelle » et « permanente »[161]. Elle intervient, pour avis, lors de l'élaboration du SDCI par le préfet, et de manière continue pour établir et tenir à jour un état des lieux de la

[161] B. Faure, op. cit., p.446

coopération intercommunale, tout en proposant un ou plusieurs projets d'évolution de la carte intercommunale, dans une logique de « renforcement ». Cet aspect est intéressant, car son pouvoir de proposition est conditionné à un approfondissement de la coopération intercommunale et non à un retour en arrière. La disposition incarne le symbole de la permanence de cette politique publique, conjuguée à une volonté d'approfondissement, laquelle encadre les propositions de la CDCI. L'intercommunalité semble perçue comme irréversible.

Elle est composée de 50 % d'élus municipaux (maires, adjoints ou conseillers municipaux), 30 % de représentants des EPCI, 10 % de membres du conseil départemental, 5 % de membres du conseil régional, et de 5% des membres des syndicats de communes, selon l'article L. 5211-43 du CGCT. Elle se caractérise par le caractère éclectique de ses membres. Tous les acteurs de l'action décentralisée sont représentés. Depuis l'adoption de la Loi Engagement et Proximité du 29 décembre 2019, les élus municipaux représentent la majorité des membres de la CDCI. Ils ne représentaient que 40% des membres jusque-là. Le législateur a procédé à la diminution du nombre d'élus départementaux et de représentants des intercommunalités. Dorénavant, les communes sont majoritaires au sein de cette commission. Pour autant, cette majorité communale ne renforce pas leur poids décisionnel, puisque la CDCI ne peut contredire une décision préfectorale qu'à la majorité des deux tiers de ses membres. Un infléchissement ne peut être possible que si les communes constituent une coalition élargie à d'autres élus locaux. Le préfet préside cette commission, symbole du rôle déterminant de l'État dans le domaine de l'organisation territoriale, bien que les travaux préparatoires à la loi de 1992 souhaitaient lui conférer un rôle de « scribe », c'est-à-dire un rôle minimal traducteur

des volontés locales[162], lequel semble contestable depuis la loi RCT. Ce choix du représentant de l'État comme président est vu comme un choix de raison, car un élu aurait pu être une source de tension et le principe de non-tutelle entre les collectivités territoriales pourrait s'y opposer[163].
La CDCI est un outil incontournable pour l'expression de la volonté communale, car elle est obligatoirement consultée dans le cadre de la création d'un EPCI. À défaut, l'illégalité est prononcée[164]. Son rôle a été renforcé depuis le phénomène de l'intercommunalité forcée[165], même si dans les faits, elle s'apparente à un gadget au regard des conditions nécessaires pour faire infléchir un projet préfectoral, soumis à l'exigence de majorité qualifiée.

Enfin, les communes ont une arme contentieuse par les possibilités de recours élargis, notamment face au SDCI et à l'arrêté de création de l'EPCI à FP. Cette ouverture du prétoire est supposée être à l'avantage des communes.
Le SDCI est considéré comme un acte prescriptif. Sa nature juridique est renforcée, car le juge administratif les qualifie de décision non-réglementaire et non-individuelle[166]. L'arrêté préfectoral qui vient arrêter le SDCI est contestable devant le juge administratif, par l'intermédiaire d'un recours pour excès de pouvoir. Le SDCI était assimilé aux lignes directrices de gestion, puisqu'au-delà de sa valeur prescriptive, le préfet pouvait s'écarter des propositions contenues : il s'agit d'un support d'aide à sa prise de décisions. La ligne directrice de gestion, en qualité d'acte

---

162 Commission C. Pierret, JOAN, 2 avril 1991

163 M. Verpeaux, op. cit., p.485

164 CE 29 mars 2000, n°203975, *Ministre de l'Intérieur c/ Maillet*

165 Cf supra

166 CE, 21 octobre 2016, n°390052, *Communauté de communes du Val de Drôme*

d'orientation représente « moins qu'un ordre, plus qu'un souhait »[167]. Depuis cette reconnaissance implicite, il peut être contesté par voie d'action. Il s'agit d'une évolution notable, puisque la jurisprudence Crédit Foncier de France reconnaissait uniquement la possibilité de contester les décisions individuelles prises sur le fondement des actes d'orientation. En ce sens, il s'agit d'une nouveauté, car le juge administratif le qualifiait d'acte préparatoire, il ne pouvait être contesté que par l'intermédiaire des décisions individuelles, c'est-à-dire par voie d'exception[168]. Le SDCI était assimilé aux lignes directrices de gestion, car au-delà de sa valeur prescriptive, le préfet pouvait s'écarter des propositions contenues : il s'agit d'un support, qui vient l'aider à prendre ses décisions. Maintenant, la voie d'action est admise.
Toujours sur le plan contentieux, les communes peuvent contester les arrêtés préfectoraux en matière de création, fusion, modification de périmètre. Cet intérêt à agir est reconnu depuis de nombreuses années pour contester l'arrêté de fixation du périmètre (lequel n'est pas considéré comme un acte préparatoire), puis de création. Le juge administratif, par ces souplesses « ouvre aux requérants de larges possibilités d'attaquer le processus de création d'un EPCI » [169], même si cette ouverture du prétoire est contrebalancée par le contrôle exercé par les magistrats.

Dans ces hypothèses, le juge opère un contrôle très limité. Il se contente d'un contrôle restreint, limité à l'erreur

---

[167] P.-L. Frier, J. Petit, *Droit administratif*, LGDJ, coll. Domat droit public », 8e éd., 2013, p. 323

[168] CE, 21 septembre 2012, n° 360984, *Commune de Poligny*

[169] S. Bourel, « L'évolution de la jurisprudence administrative sur l'intercommunalité », *in L'avenir de l'intercommunalité après les réformes récentes*, PU de Nancy, 1999, p. 77

manifeste d'appréciation, pour sanctionner uniquement les erreurs les plus grossières de la part du préfet. Le juge administratif n'est pas administrateur. Par conséquent, il vient brider son office, car ces choix d'intégration des communes sont avant tout liés à l'opportunité préfectorale. Le préfet dispose d'un large pouvoir d'appréciation dans la création d'un EPCI, notamment sur les communes à intégrer dans le projet de périmètre, puis sur les suites à donner une fois les consultations réalisées. Par exemple, le préfet n'est pas obligé de prononcer la création d'un EPCI, surtout si elle n'est pas conforme à l'intérêt général[170]. En dépit de l'existence d'un principe de liberté des élus de créer une coopération entre communes et de dispositifs tant institutionnels que juridictionnels censés permettre l'expression de ces dernières, la libre volonté communale est quasi inexistante dans la construction de l'intercommunalité de projet. Ainsi, la construction de ce bloc communal est avant tout la traduction des volontés de la puissance étatique, à l'issue des nombreuses réformes récentes. Ce même raisonnement se retrouve dans son fonctionnement, avec une libre volonté communale affectée. Là encore, la commune est en position de faiblesse.

[170] CE, 2 octobre 1996, n°165055, *Commune de Civaux*

Section 2 : Une libre volonté communale affectée dans le fonctionnement du bloc communal

Dans son fonctionnement quotidien, le bloc communal repose sur un difficile équilibre, car il « oscille entre deux pôles, la solidarité territoriale et l'autonomie communale »[171]. Cependant, dans les faits, le ressenti est l'effacement progressif de la commune au profit de l'intercommunalité pour « substituer au pouvoir des communes, celui de nouvelles structures »[172] incarnées par l'EPCI à FP. Dans la lignée du propos précédent sur la construction de la coopération intercommunale, la libre volonté communale consacrée en ressort affaiblie, notamment sur le plan de l'exercice des compétences. En effet, la logique change avec l'intercommunalité de projet, car on passe d'un transfert restreint de compétences consenties à des transferts conséquents imposés sur le long terme. L'acteur principal au sein du bloc communal tend à ne plus être la commune, puisqu'elle est progressivement dépossédée par l'EPCI à FP (paragraphe 1), et il est difficile de percevoir une municipalisation de ces groupements (paragraphe 2).

Paragraphe 1 : Une commune dépossédée par l'intercommunalité

Le choix fait de l'intercommunalité de projet par une structure à l'intégration communale renforcée contribue à limiter le rôle de la commune dans l'action du bloc communal. Un basculement s'opère par l'effacement de la

[171] FX Fort, « Coopération intercommunale et principe de libre administration », Droit administratif n°2, février 2003

[172] J. Domenach-Montain, op. cit.,

commune au profit de l'EPCI à FP. En effet, elle se voit déposséder par un transfert accru de compétences au profit de la structure intercommunale (A) dans une logique de différenciation territoriale (B).

A/ Une dépossession caractérisée par un transfert accru de compétences

L'intercommunalité entraîne un sentiment de dépossession des communes par un transfert accru de compétences vers la structure supracommunale. Juridiquement, ce transfert est régi par deux principes, en partie liés à la nature juridique de l'EPCI : spécialité (géographique et fonctionnelle) et exclusivité : deux principes encadrant son action et les relations avec les communes membres.

Tout d'abord, le principe d'exclusivité entraîne un dessaisissement de la commune au profit de la structure intercommunale. Elle ne peut plus exercer la compétence, à défaut une décision contraire serait frappée d'illégalité, car « entachée d'excès de pouvoir »[173]. Un tel principe vient réduire les prérogatives de la commune, à des fins de lisibilité, d'autant que les compétences communales transférées ou exercées par l'EPCI sont de plus en plus conséquentes.

Puis, son action est enfermée dans un principe de spécialité, c'est-à-dire qu'il « consiste à attribuer (aux établissements publics) un objet d'intervention qui n'est pas seulement fonctionnel, mais [qui] constitue le fondement de leur création ; il se rapproche de la notion d'objet social des

[173] CE, 16 octobre 1970, n°71536, *Commune de Saint-Vallier*

personnes morales de droit privé »[174]. Les établissements publics ont uniquement des compétences d'attribution, ils ne peuvent exercer que celles qui leur sont dévolues par la loi : il s'agit du fondement et de sa limite d'action. Elles représentent une distinction majeure par rapport à la commune. Cette dernière possède une compétence complémentaire, par l'intermédiaire de la clause générale de compétence. L'EPCI à FP n'en est pas titulaire, contrairement à ce que peut laisser songer l'article L. 5215-19 du CGCT « le conseil de la communauté urbaine règle les affaires de la compétence de la communauté urbaine » : une disposition à la formulation curieuse. Juridiquement, elle confère uniquement la compétence à l'assemblée communautaire pour délibérer sur les attributions de la communauté urbaine et non une clause générale à cet établissement public, dont l'action est encadrée par la spécialité.

Ce principe de spécialité est ici entendu de manière souple, très large, en raison de l'objectif de l'intercommunalité de projet, lequel vise l'élaboration et la conduite commune « d'un projet commun de développement urbain et d'aménagement de leur territoire »[175]. Il est relativement global, regroupant plusieurs thématiques de l'action publique. En conséquence, les EPCI à FP sont dotés de compétences excessivement variées, correspondant à de nombreux domaines pour parvenir à ce projet commun. Ils sont en capacité de prendre en charge de multiples activités d'intérêt général et de service public. La prise en charge de nombreuses

---

[174] A. Rouyere, in P. Gonod, F. Melleray, Ph. Yolka, *Traité de droit administratif*, T. 1, Dalloz 2011, p. 339.

[175] CGCT, articles L. 5214-1, L. 5215-1, L. 5216-1, L. 5217-1

compétences pour la mise en œuvre d'une politique publique est nécessaire et la nature d'établissement public n'y fait pas obstacle. Ce type de personne morale de droit public a toujours pu avoir des activités assez étendues, notamment pour les EPIC, dès lors qu'elle en constitue le prolongement naturel et un intérêt pour l'amélioration de sa mission initiale, sans conférer une compétence générale à intervenir dans tous les domaines[176]. La jurisprudence est déjà souple, mais encadre l'élargissement à des activités en lien avec celle exercées, pour ne pas dévoyer le principe de spécialité.

Le législateur attribue des blocs de compétences afin de faciliter la prise en charge d'une politique publique intégrale, orientée vers une finalité, comme la politique de la ville, et non centrée uniquement sur une gestion ponctuelle d'une activité matérielle : une justification à la pluralité des compétences pour que « ces dernières (soient dotées) de toutes les possibilités d'action en vue de mener à bien leurs projets » [177]. Cette variété de domaines d'intervention opère un rapprochement des intercommunalités avec la notion de collectivité territoriale, car ces « regroupements [qui] ne sont que de pseudo-établissements publics et [qui] en réalité, ne constituent que des collectivités territoriales, comme les départements ou les communes »[178]. En ce sens, il y a une nouveauté car le lien entre toutes ses compétences peut être difficile à percevoir et le législateur a consacré un « pouvoir élargi de l'établissement public territorial »[179], une singularité dans la

[176] CE, avis 7 juillet 1994, n°356.089, *EDF-GDF*

[177] B. Faure, « L'évolution des compétences des communes françaises », *in Quelle(s) commune(s) pour le XXI siècle*, L'Harmattan, 2016, p. 188

[178] A. de Laubadère, op.cit., p. 411

[179] B. Faure, op. cit, p. 413

notion juridique d'établissement public. L'EPCI à FP en constitue une catégorie particulière. Au contraire, cette pluralité de compétences est une remise en cause du principe de spécialité pour une partie de la doctrine qui en doute en les qualifiant de « peu compatibles » avec le principe cardinal de l'établissement public[180]. En outre, le rapport Balladur estime qu'il s'agit quasiment « d'une compétence générale »[181]. Même si elle est entendue largement, la spécialité lui interdit d'intervenir au-delà des énumérations législatives, contrairement à la commune.

Le point commun de toutes les réformes successives est la « remontée au niveau intercommunal des compétences historiques des communes »[182] et « le transfert continu de compétences aux intercommunalités »[183] : on assiste à un renforcement constant de la structure intercommunale, au détriment de la commune. Pour Christian Debouy, les compétences exercées par les structures intercommunales sont de deux types : de l'ordre de la nécessité, c'est-à-dire que « la prise en charge d'une activité ne pouvait passer que par le biais de la coopération »[184], il vise, ici, les services à caractère technique qu'une commune ne peut exercer seule. Et celles relevant d'une opportunité législative. Dans ce dernier cas, le législateur décide d'attribuer une compétence exclusivement au

---

180 N. Dantonel-Cor, « Le contenu de la réforme », *in l'intercommunalité après les réformes récentes*, PU de Nancy, 1999, p.31

181 Rapport Balladur, op. cit., p.75

182 B. Faure, « L'évolution des compétences des communes françaises », *in Quelle(s) commune(s) pour le XXI siècle*, L'Harmattan, 2016, p.187

183 C. Debouy, « La fin programmé des communes ? », *in Mélanges Lachaume*, Dalloz, 2007, p. 338

184 Ibid, p. 339

groupement, sans lien avec une compétence communale d'origine ou de sa capacité de mise en œuvre. Cette seconde catégorie de compétence est la traduction de la réduction de l'autonomie communale symbolisée par cette perte d'action au profit des administrés, dès lors que dans les transferts de compétences, le législateur écarte simplement la commune au profit de l'EPCI à FP. Le consentement de la commune est aujourd'hui mis à mal par ce renforcement continu de la structure intercommunale, en dehors des stricts cas de nécessité rendant nécessaire le transfert. Lors de son adhésion dans une hypothèse volontaire, elle a consenti initialement à une perte de compétence à l'instant T, au regard du cadre législatif en vigueur, mais probablement pas selon la situation actuelle. Or, le législateur et les lois de décentralisation depuis la loi Chevènement n'ont eu de cesse de renforcer les compétences intercommunales et, par conséquent, les transferts non consentis, sous forme autoritaire, sans que les communes aient à se prononcer. Les lois Raffarin, RCT, MAPTAM et NOTRe en sont la parfaite illustration, bien que la loi NOTRe cristallise la contestation par l'accélération brutale des transferts de compétences qu'elle opère. Les mesures arbitraires contenues dans ces textes ont modifié substantiellement les rapports au sein du bloc communal. Le ressenti à l'égard de l'intercommunalité de projet est l'absence totale de consentement communal, car une fois que la commune a adhéré, il peut être difficile de préserver son autonomie et son action dans le bloc communal, comme le démontre la dilapidation progressive de ses possibilités d'interventions, voire même de deviner son avenir : quelle légitimité sans attribution réelle ? Cette limitation du champ d'action de la commune est conforme à la volonté de François Hollande de faire des EPCI les acteurs prépondérants avec la région de l'action publique locale décentralisée[185]. Cette volonté politique est traduite juridiquement dans la loi NOTRe, aboutissant à « un renforcement (conséquent) des intercommunalités au détriment des communes »[186], au point d'être « une expérience traumatisante pour les élus locaux »[187] en raison de la méthode employée et de ses effets. Elle réorganise et affecte en profondeur l'organisation territoriale.

Concrètement, cette loi opère une rationalisation des structures et surtout un accroissement conséquent des compétences exercées par les structures à la plus faible intégration (communautés de communes et d'agglomération), avec notamment les plus décriées comme l'urbanisme, les déchets, l'eau et l'assainissement, lesquelles leur permettent de maîtriser l'aménagement de leur territoire, c'est-à-dire « les compétences les plus importantes pour l'économie d'une petite commune [...] en laissant peu de possibilité au maire pour agir »[188]. Par exemple, le transfert de cette dernière compétence est un sujet sensible. Il entraîne une opposition quasi-unanime des élus ruraux, qui y voient la disparition de leur commune par la perte de l'exercice de cette compétence essentielle, voire même existentielle (alors même qu'elle est majoritairement exercée par des syndicats de communes sur le bassin

[185] Tribune de F. Hollande, « Réformer les territoires pour réformer la France », presse quotidienne régionale, 3 juin 2014

[186] JF Lachaume, « Des intercommunalités renforcées », AJDA 2015, p. 1905

[187] B. Questel, R. Schellenberger, Rapport d'information (...) en conclusion des travaux d'une mission d'information sur l'évaluation de l'impact de la loi n° 2015-991 du 7 août 2015 relative à la nouvelle organisation territoriale de la République (loi NOTRe), décembre 2019

[188] JG. Sorbara, « Les petites communes », *in Mélanges Verpeaux*, Dalloz, 2020, p. 708

versant)[189]. Le transfert définitif a été reporté pour 2026 et le gouvernement semble vouloir maintenir cette échéance. L'intercommunalité touche dorénavant tous les secteurs de la vie quotidienne, réduisant fortement le rôle de la municipalité dans la maîtrise et l'aménagement de son territoire.
Le rôle fondamental de l'EPCI à FP est accru par l'utilisation de prérogatives régaliennes, comme la possibilité de lever l'impôt par l'intermédiaire de la fiscalité professionnelle et de nombreuses taxes additionnelles. Ou encore, par la reconnaissance d'un pouvoir de police administrative spécial au président de l'EPCI, en lien avec les compétences acquises (par exemple, en matière de gestion des aires de gens du voyage, de voirie). Malgré tout, il existe des possibilités pour le maire de récupérer l'exercice de certaines polices spéciales transférées, sous réserve de la procédure et des délais énumérés par le CGCT[190].

L'amenuisement du rôle de la commune au sein de ce bloc est l'invariant de ces dernières décennies. Cette dépossession est une réalité, sans pour autant être identique pour toutes les communes : elle est variable selon le type de formule. La commune ne peut dès lors avoir une influence sur la vie quotidienne que par l'emprise de l'EPCI, dans laquelle elle est amenée à siéger, et non en dehors où sa sphère d'activité est réduite, car elle est en train de devenir « en matière de gestion de services publics locaux une coquille vide »[191]. Les différents textes ont réduit les

[189] B. Floc'h, « L'eau, enjeu de bataille pour les conseils municipaux : le transfert de l'eau c'est la mort de ma commune », Le Monde, 6 mars 2023

[190] CGCT, art. L.5211-2-9

[191] JF. Lachaume, *La commune*, op. cit., p. 13

possibilités du maire d'agir sur son territoire. Le centre de gravité de l'action du bloc communal « s'est largement déplacé dans l'arène intercommunale. Bien que le pouvoir du maire continue d'être célébré »[192] : une situation hautement contradictoire ! Par exemple, le budget investissement de la Métropole bordelaise est six fois plus élevé par rapport à la ville de Bordeaux, une illustration de la marginalisation des communes. Cette dépossession des compétences communales par l'intercommunalité est une réalité plus ou moins prononcée suivant la formule à laquelle appartient la commune, en raison d'une différenciation des compétences.

B/ Une dépossession par une différenciation des compétences

Les attributions des EPCI à FP sont variables en fonction de la formule choisie. L'effacement de la commune est plus ou moins fort suivant l'appartenance à l'une des quatre formules : communauté de communes, d'agglomération, urbaine, et métropole. Cependant, il existe un tronc commun entre elles : l'aménagement du territoire et le développement économique. Le législateur a choisi une approche territoriale de la coopération communale pour satisfaire et s'adapter aux diverses problématiques locales. On est dans une politique de territorialisation du droit, l'intercommunalité est plus ou moins bien vécue en fonction de la nature rurale ou urbaine du territoire, c'est en ce sens que les structures sont variées, auquel il faut mentionner des degrés d'intégration divers. Une commune sera affectée différemment selon la nature de son EPCI de rattachement.

[192] L'intercommunalité, enjeu occulté des élections municipales, Le Monde, 12 mars 2020

L'objet ici n'est pas de faire l'inventaire des compétences, mais d'illustrer cette différenciation, aux effets importants sur les communes membres. La communauté de communes a un degré d'intégration faible, contrairement à la métropole, qui, en plus des compétences communales, peut se voir transférer de multiples compétences départementales et régionales.
Le rapport Guichard distinguait déjà les compétences suivant la forme de coopération choisie (communauté de communes ou urbaines), plus ou moins intégrées, et laissait aux communes un « secteur libre » qu'elles pourront confier à l'EPCI. Elles représentaient les « compétences actuellement exercées par les communes, mais qu'elles pourront ensemble, et librement décider d'exercer en commun »[193]. Le transfert est lié à leur volonté. Les compétences facultatives consacrées dans le CGCT sont la traduction de ce secteur libre, car les communes peuvent transférer « en tout ou partie, à ce dernier, certaines de leurs compétences dont le transfert n'est pas prévu par la loi ou par la décision institutive », d'après l'article L 5211-17 du CGCT. L'EPCI les exerce à côté des compétences obligatoires, en lien avec la volonté des communes de lui confier, même si elles peuvent se voir retirer des compétences contre leur souhait. En effet, le transfert est subordonné à l'accord de l'assemblée communautaire et des conseils municipaux à la majorité qualifiée et non à l'unanimité.

Une territorialisation du droit est en place, renforcée notamment par la notion d'intérêt communautaire introduite par la loi du 6 février 1992. Elle doit être définie par le conseil communautaire, à la majorité qualifiée, des deux

---

[193] Rapport Vivre ensemble, op. cit., p.60

tiers des membres (l'accord de l'ensemble des communes n'est plus recherché), il « n'est plus l'addition d'une pluralité d'intérêts communaux ni non plus leur simple croisement »[194], il les dépasse, les transcende. Cet intérêt communautaire a été renforcé par la loi 1999, pour affiner les transferts de compétences. Les pouvoirs publics en donnent une définition : il s'agit de « la ligne de partage au sein d'une compétence entre les domaines d'action transférés à la communauté et ceux qui demeurent au niveau communal »[195]. Cette notion permet de ventiler les compétences, pour un exercice effectif des compétences, tout en préservant l'autonomie communale par un partage plus fin des attributions intercommunales. Il ne vise pas à confier une compétence générale. La mesure est en faveur des communes, car il s'agit d'un « critère réducteur dans la détermination des compétences expresses de l'établissement public »[196]. Une définition minimale est souvent adoptée, obligatoirement dans les deux ans qui suivent le transfert de compétences. Dans le cas contraire, le préfet prononce le transfert plein et entier de la compétence. Pourtant, avec une adoption par le conseil communautaire sans recours à l'unanimité, ses débuts furent compliqués, peu ou pas adopté, ou alors sous une forme minimaliste, dévoyant la réalité, retardant ou faussant les transferts de compétences, sans réellement prendre en compte l'échelle pertinente. Cette pratique a été dénoncée par la Cour des comptes en 2005 et lorsqu'il est soumis au

---

[194] J.-C. Ricci, La problématique de l'intercommunalité, RGCT, janv.-févr. 2000, p. 4.

[195] Circ. du 5 juill. 2001 (NOR : INTB01100197C) *relative à la mise en œuvre de la loi n° 99-586 du 12 juill. 1999 relative au renforcement et à la simplification de la coopération intercommunale*

[196] B. Faure, « L'évolution des compétences des communes françaises », *in Quelle(s) commune(s) pour le XXI siècle*, L'Harmattan, 2016

juge administratif, il fait l'objet d'un contrôle normal[197]. Le droit positif subordonne de nombreuses compétences à sa définition. Par exemple, l'article L. 5216-1 CGCT relatif aux compétences de la communauté d'agglomération encadre le transfert de nombreuses compétences à cet intérêt communautaire, comme la « politique du logement d'intérêt communautaire ». Cette différenciation rend complexe le fonctionnement de l'intercommunalité. Une comparaison entre deux mêmes structures similaires sera difficile à mettre en œuvre, car les compétences exercées seront différentes, au regard de l'intérêt communautaire et des compétences facultatives. Chaque bloc communal est singulier. Au fond, on peut y voir une volonté de préserver les communes, notamment rurales, les plus hostiles au regroupement par une répartition plus fine des compétences au sein du bloc.
La constance, depuis le début du XXI ème siècle, est le transfert progressif de compétences, la loi NOTRe en constitue l'apogée, bien que les communes sont censées rester à la base de l'intercommunalité. Dès lors, il est difficile de percevoir une réelle municipalisation dans le fonctionnement quotidien.

Paragraphe 2 : L'absence de réelle municipalisation des intercommunalités

À l'origine, l'intercommunalité est pensée comme une structure créée par et pour les communes, en témoigne la forme choisie de l'établissement public par rattachement aux communes membres, dont elles constituent la base. Les communes sont censées être au cœur du dispositif. Or, la libre volonté communale dans le fonctionnement quotidien

[197] CAA Lyon, 17 juin 1999, Communauté urbaine de Lyon

est assez limitée, car elle altère « profondément l'autonomie et la participation des communes »[198], comme l'atteste la représentation des communes dans l'intercommunalité (B), alors même que les relations sont inspirées du droit communal, un symbole de la difficile emprise des communes au sein de l'intercommunalité (A).

A/ La difficile emprise communale dans l'intercommunalité

Avec le choix de la forme de l'établissement public, le législateur permet théoriquement aux communes d'avoir une maîtrise de l'intercommunalité. Or, cette affirmation est à tempérer : dans les faits, l'emprise communale est difficile au sein de l'intercommunalité. Juridiquement, l'établissement public repose sur une autonomie financière et juridique inhérente à sa personnalité morale, renforcée par son administration par un conseil élu. Une autonomie lui permettant d'avoir sa propre gestion indépendamment des communes membres. Toutefois, cette autonomie est supposée « être contrebalancée par le principe de rattachement »[199], c'est-à-dire par l'existence d'un pouvoir de contrôle à son égard par la collectivité de rattachement, en l'occurrence dans notre étude, les communes membres, représentées au sein du conseil communautaire. Elle constitue une caractéristique fondamentale de cette personne morale de droit public, puisque le Conseil d'État dans un avis du 16 juin 1992 est venu préciser que « tout établissement public doit être techniquement rattaché à une personne morale »[200]. Elle crée une dépendance avec les communes membres, car l'EPCI à FP a « pour raison d'être

[198] M. Bourjol, op. cit., p. 391
[199] N. Chifflot, M. Tourbe, *Droit administratif*, Sirey, 2022
[200] EDCE, 1992, La documentation Française, p. 419

de regrouper plusieurs personnes publiques au sein d'une même structure pour leur permettre de gérer ensemble directement ou indirectement une ou plusieurs activités qui entrent dans les attributions »[201]. Mais, dans les faits, le contraire se produit, puisque le « courant juridique, au lieu de revenir vers les communes, est extraverti de celles-ci vers l'ordre institutionnel »[202]. Le principe de rattachement est inversé, une autre volonté vient s'imposer sur celle des communes membres : elles la subissent. La pluralité du rattachement dans l'établissement public de coopération justifie les effets différents du rattachement. La portée du contrôle exercé est amoindrie par l'existence d'une pluralité d'intérêts divergents ou convergents. Les divers mécanismes vus précédemment, comme la majorité et la représentation des communes sur des bases démographiques expliquent entre autres ce phénomène. Le rattachement se manifeste par une simple participation au processus décisionnel par chaque commune membre pour Etienne Fatôme[203]. Le rôle de la commune est amoindri par l'émergence d'un pouvoir distinct au sein du bloc communal.

Sur ce point-là, le fonctionnement de l'EPCI peut altérer le pouvoir décisionnel des communes, notamment si le conseil communautaire fait le choix de déléguer en partie ses compétences au bureau communautaire[204]. En effet, le législateur a reconnu la possibilité à l'assemblée délibérante de lui déléguer une partie de ses attributions, à l'exception de certaines présentant un caractère sensible et stratégique

---

[201] E. Fatôme, « A propos du rattachement des établissements publics », *in Mélanges en l'honneur de Jacques Moreau*, 2002, p. 140
[202] B. Faure, op. cit., p.409
[203] Ibid, p. 147
[204] CGCT, art. L. 5211-10

(budget, délégation de services publics, notamment). Il prend l'apparence d'une seconde assemblée délibérante. Le bureau est composé « du président, d'un ou plusieurs vice-présidents et, éventuellement, d'un ou de plusieurs autres membres ». Toutes les communes ne sont pas obligatoirement représentées en son sein, tout dépend de la composition des EPCI et de la volonté de l'exécutif local. Le pouvoir décisionnel des communes est plus ou moins renforcé en fonction de la composition du bureau et des délégations conférées. Si un tel choix est retenu le pouvoir de décision est réduit. Le raisonnement est ici différent de la délégation prévue dans les conseils municipaux au profit du maire, elle est cantonnée à une liste de domaines bien précis, la compétence de principe reste au conseil municipal [205]. Dans le cas de l'intercommunalité, le sentiment inverse domine, si un tel choix est effectué.

En outre, le fonctionnement de l'EPCI à FP est régi fortement par le droit communal, un mimétisme des règles applicables est opéré. En effet, les dispositions « relatives au fonctionnement du conseil municipal sont applicables au fonctionnement de l'organe délibérant des établissements publics de coopération intercommunale, en tant qu'elles ne sont pas contraires aux dispositions du présent titre »[206]. Et, le juge administratif s'aligne sur la même position, en appliquant le droit électoral communal sur la désignation des membres au sein de l'intercommunalité, en cas de silence des textes[207].

Le fonctionnement quotidien de l'intercommunalité accentue le renversement du principe de rattachement,

---

205 CGCT, art. L. 2122-22

206 CGCT, art. L. 5211-1

207 CE, 1 décembre 2004, n°267035, *Communauté de communes du canal du Midi en Minervois*

lequel ne doit pas s'apparenter à une forme de tutelle de l'EPCI à l'endroit de la commune. La situation inverse serait normale en raison du rattachement. Or, aujourd'hui, la pratique peut contribuer à placer les communes en situation d'usagère. Le principe de non tutelle tel que consacré par l'article 72 de la Constitution s'applique uniquement entre collectivités territoriales, par une interdiction de toute hiérarchie entre elles. Par analogie, et au vu d'une attitude du législateur et de la jurisprudence qui calque le fonctionnement des EPCI à FP sur celui des collectivités locales, le bon sens voudrait que ce principe s'applique, même si la définition retenue par le juge constitutionnel est assez souple, car elle ne vise que les mesures particulièrement contraignantes[208].

Toute l'ambivalence des relations au sein du bloc communal est résumée par les propos de l'ancien président de la République, François Hollande, lors de son souhait de rénover l'organisation territoriale de la République : « l'intercommunalité deviendra donc, dans le respect de l'identité communale, la structure de proximité et d'efficacité de l'action locale »[209]. Il s'agit avant tout d'un propos théorique, dont sa traduction juridique et pratique laisse perplexe quant à sa réalisation. Cette relégation progressive de la commune est renforcée par une représentation communale imparfaite au sein de l'intercommunalité.

---

[208] CC, 8 juillet 2011, n°2011-146, *Département des Landes*

[209] Tribune de M. François Hollande, Président de la République, dans la presse quotidienne régionale du 3 juin 2014, sur la réforme territoriale, intitulée "Réformer les territoires pour réformer la France"

B/ Une représentation communale imparfaite

L'article L. 5211-6 du CGCT dispose que « les métropoles, communautés urbaines, communautés d'agglomération et communautés de communes sont administrées par un organe délibérant composé de représentants des communes membres ». Cette affirmation est justifiée par le principe de rattachement propre à la notion d'établissement public. Ainsi, le législateur a souhaité affirmer la dépendance et le lien de l'assemblée délibérante de l'EPCI par rapport aux communes dans sa composition. Les élus communautaires sont donc des représentants de leur commune, en qualité de délégué de la commune au sein de cet hémicycle : « les communes sont les garantes des éléments de base de cet aspect de la démocratie intercommunale »[210]. Par le système issu des lois de 1999 et 2013 [211] , les membres du conseil communautaire sont automatiquement issus des assemblées délibérantes municipales par la mise en œuvre d'un système de fléchage. Elles constituent une avancée dans le renforcement de la légitimité démocratique de ces structures intercommunales. Malgré tout, les modalités d'élection des élus communautaires restent discutables, comme la représentation des communes au sein de l'organe délibérant : la représentation communale est imparfaite.

---

[210] JF. Lachaume, « La démocratie intercommunale », AJDA 2018, p. 1370

[211] Loi n° 99-586 du 12 juillet 1999 *relative au renforcement et à la simplification de la coopération intercommunale*, et loi n° 2013-403 du 17 mai 2013 *relative à l'élection des conseillers départementaux, des conseillers municipaux et des conseillers communautaires, et modifiant le calendrier électoral*

La composition de l'organe délibérant de l'EPCI à FP a fait l'objet de nombreuses évolutions. La liberté initiale des élus dans la composition de l'assemblée délibérative s'est effacée progressivement pour devoir respecter l'égalité devant le suffrage avec la mise en place d'une approche démographique. Dès les débuts de l'intercommunalité, les textes sont relativement muets sur la représentation communale, illustrant alors son caractère sensible et éminemment politique. En effet, le rapport Guichard était assez vague en précisant que ces structures sont « l'émanation des communes » et que le maire doit automatiquement siéger en son sein. Les lois ATR et Chevènement sont assez ambiguës à ce propos. Elles oscillent entre deux axes : l'accord local pour une liberté dans la répartition des sièges, et une base démographique, laquelle limite la volonté des élus. Pour permettre un développement de l'intercommunalité, l'État n'a pas cherché à réellement encadrer cette représentation pour favoriser les élus au regroupement. Cette liberté permettait aux maires de maîtriser le processus intercommunal. Cet accord local est en réalité un « arrangement à l'amiable »[212] toléré, dans une logique d'acceptation de l'intercommunalité pour régler la représentation des petites communes et des villes-centres. La pratique consistait à minorer le poids de ces dernières au profit des communes de taille modeste et rurales. Toutefois, ces accords devaient respecter une règle de proportionnalité. Ils ne devaient pas amener à dévoyer totalement la réalité démographique. Ainsi, cette répartition des sièges pouvait ressortir de la stratégie politique, même si la majorité qualifiée était requise pour cet accord.

---

[212] F. Sempé, « La décision Commune de Salbris : des effets à neutraliser », AJDA 2014, p.2360

Le Conseil constitutionnel, dans une question prioritaire de constitutionnalité rendue en 2014, Commune de Salbris[213], est venu bouleverser l'état du droit et des pratiques par une censure des dispositions relatives à l'accord local. Il était considéré comme contraire au principe d'égalité devant le suffrage. Pour respecter ce principe, la représentation doit obéir à des bases démographiques, c'est-à-dire que chaque commune doit avoir un nombre de sièges proportionnel à sa population : « dès lors que des établissements de coopération entre collectivités territoriales exercent en lieu et place de ces dernières des compétences qui leur auraient été sinon dévolues, leurs organes délibérants doivent être élus sur des bases essentiellement démographiques ». Son raisonnement n'est pas une nouveauté, il s'inscrit dans la continuité de sa jurisprudence. Jusqu'à cette décision, la loi imposait uniquement aux communautés urbaines une base démographique, et il n'a pas contredit cette disposition législative[214]. Il est important de préciser que les lois ATR et Chevènement n'ont pas été soumises au contrôle constitutionnel.

Dès la loi RCT, le législateur a essayé de favoriser l'assise démographique en suivant les préconisations du rapport Balladur : « Le comité souhaite c'est d'ailleurs une exigence juridique que cette représentation s'inspire le plus possible de critères démographiques »[215]. Face à la réticence des élus locaux, les parlementaires ont fait le choix de laisser survivre la possibilité de l'accord local, pour maintenir une influence de chacune des communes membres. Mais, la censure de cette disposition par la décision Commune de

---

[213] CC, 20 juin 2014, n°2014-405 QPC, *Commune de Salbris*

[214] CC, 26 janv. 1995, n°94-358 DC, *Loi d'orientation pour le développement et l'aménagement du territoire*

[215] Rapport Balladur, op. cit., p.77

Salbris vient traduire « l'effacement des communes au profit du groupement et en cela elle favorise une conception plus politique de l'intercommunalité »[216]. Elle renforce l'effacement des communes dans la construction et le fonctionnement des EPCI, alors même qu'elles sont censées être à la base. Les communes de faible taille se retrouvent marginalisées dans les grands ensembles promus par la politique de rationalisation : leur capacité d'influence est de plus en plus réduite. La représentation obéit à l'équité plus qu'une approche égalitaire telle que connue antérieurement ou dans le syndicat de communes. La répartition proportionnelle à la plus forte moyenne entre les communes membres[217] régit la répartition des sièges au sein du conseil communautaire. Concrètement, le nombre de sièges est établi par rapport au poids démographique de chaque commune dans l'ensemble intercommunal.

Cependant, la représentation des communes peut actuellement faire l'objet d'un compromis, grâce à une loi adoptée dans la foulée de la censure constitutionnelle. La loi Sueur-Richard n°2015-264, du 9 mars 2015, autorise à recourir à la méthode de l'accord local, dans le respect de la jurisprudence constitutionnelle, pour favoriser la représentation des communes de taille moyenne souvent marginalisées. La disposition a été validée par le Conseil constitutionnel[218]. Les communes ont encore le choix. Cet accord est la deuxième hypothèse dans le CGCT, après la représentation proportionnelle, laquelle « peut être interprétée comme manifestant la préférence du législateur

[216] F. Sempé, « La décision Commune de Salbris : des effets à neutraliser », op. cit,

[217] CGCT, art. L-5211-6-1

[218] CC, 5 mars 2015, n°2015-711 DC

pour le système légal »[219]. Cette procédure se caractérise par une particulière « complexité »[220] dans sa mise en œuvre.

Même si le législateur fait le choix de la représentation proportionnelle, des garanties sont apportées, puisque chaque commune doit avoir un élu, et une commune ne peut pas posséder plus de la moitié des sièges[221]. Ce mode de désignation rompt avec l'approche égalitaire du syndicat de communes. Dans ce type d'intercommunalité, la représentation communale est parfaitement égalitaire au sein du comité syndical, avec deux membres (en principe) quel que soit son nombre d'habitants. Ce mode de représentation est favorable aux communes, mais il n'est pas exempt de critiques. Il surreprésente les petites communes, il peut être considéré comme « antidémocratique », car « le principe même de la démocratie est un égal poids politique de chaque individu, ce qui n'est plus le cas dans notre situation »[222], d'où l'état du droit actuel issu de la censure des juges de la rue de Montpensier. La représentation communale, quel que soit le modèle, est un sujet relativement complexe. Elle dépend de la volonté de l'État et de la place qu'il souhaite laisser à la commune en son sein.

La répartition des sièges sur des bases démographiques est un enjeu essentiel, puisqu'elle vise à assurer la représentation de chaque commune. La pratique doit le permettre également, même si la configuration des intercommunalités peut l'altérer, en raison de sa

219 JF Lachaume, op. cit.,
220 M. Verpeaux, op. cit, p. 480
221 CGCT, art. L 5211-6-1
222 H. Roussillon, op. cit, p. 679

configuration géographique. Théoriquement, ce système vient renforcer la ville-centre, même si le rapport de force peut être défavorable, comme dans la Métropole européenne de Lille, où la ville de Lille ne dispose que de 30 élus sur 184 ou encore les fusions d'EPCI qui sont défavorables aux villes de tailles moyennes diluées dans de vastes ensembles. En son sein, la centralité est un phénomène important, puisque la ville la plus importante tant sur le plan démographique que des équipements offerts à la population est censée être la locomotive du bassin de vie. Elle joue un rôle clé dans l'intercommunalité puisque dans la majorité des cas, la présidence de la structure revient au maire de la commune-centre et les vice-présidences aux communes périphériques. Les maires des petites communes se retrouvent écartés des fonctions exécutives et réduits à un rôle de spectateur, comme l'opposition municipale qui est peu ou pas représentée. La répartition des sièges « ne permet pas de reproduire les clivages politiques existants au sein des conseils municipaux »[223], parce que le maire dans les communes de moins de 1.000 habitants est généralement l'unique représentant.

Cette représentation des communes sur des bases proportionnelles permet de se détacher des communes membres, dans une logique de solidarité entre elles, au profit de l'échelon communautaire, lequel tend vers son « autonomisation »[224], au détriment de chaque commune. Une illustration de l'absence de municipalisation des intercommunalités, alors même que les communes sont censées être au cœur du dispositif. Tous ces éléments aboutissent à une absence de maîtrise par la commune du

---

[223] C. Chevilley-Hiver, « L'opposition intercommunale », *in Mélanges Verpeaux*, Dalloz, 2020, p.569

[224] F. Sempé, « La décision Commune de Salbris : des effets à neutraliser », op. cit.

phénomène intercommunal, elle le subit. Une méthode qui voue les petites communes à la disparition ou à une survie purement nominale[225] par une marginalisation progressive, déjà engagée. Or, les grands ensembles issus de la loi NOTRe rendent la commune pertinente et difficilement remplaçable par l'intercommunalité, bien qu'elle devait être le ciment des fusions à venir[226], c'est-à-dire le préalable à une recomposition de la carte communale, soit par la transformation de ces EPCI en communes ou par accélération du rapprochement entre communes. Paradoxalement, l'intercommunalité contribue par son caractère disproportionné à préserver la commune au sein du bloc communal.

---

[225] H. Roussillon, op. cit,

[226] JG Sorbara, « Les petites communes », *in Mélanges Verpeaux*, 2020, p. 700

Partie 2 : Une commune préservée au sein du bloc communal

Initialement conçu comme un palliatif à l'échec des fusions de communes, les pouvoirs publics ont clairement affiché l'objectif des intercommunalités de projet, comme outil de refonte de la carte communale. Par la mutualisation des compétences communales et le travail en commun, l'idée était d'aboutir à des fusions de communes dans ce périmètre de coopération. L'EPCI à FP aurait pu être une structure temporaire, or elle persiste dans notre organisation territoriale. Si la couverture intégrale du territoire par des EPCI à FP est une révolution majeure pour la commune, la diminution drastique du nombre de communes en douceur n'a pu avoir lieu. Cette idée semble aujourd'hui reportée, voire abandonnée, puisqu'on observe la coexistence de ces deux entités. Les réformes des années 2010 visant à achever et rationaliser l'intercommunalité ont accentué ce phénomène. Elles ont surtout conduit à éloigner la commune de son intercommunalité dans de vastes périmètres, ne correspondant pas totalement aux aspirations locales et aux bassins de vie. L'intercommunalité a eu la faveur de l'État au détriment de la commune progressivement vidée de sa substance. En réaction à la colère des maires, le législateur est intervenu pour revitaliser la commune au sein de ces ensembles, en complément des dispositifs existants. Il semble être enclin à arrêter la politique du « tout-intercommunal ». La commune reste un échelon utile, elle possède de nombreux atouts, garanties et procédures pour exister au sein du bloc communal ; à elle de s'en saisir.

Ainsi, la disparition de la commune semble improbable (chapitre 1) et sa place peut être renforcée dans l'intercommunalité grâce au dispositif de la commune nouvelle, relancé récemment (chapitre 2).

Chapitre 1 : L'improbable disparition de la commune

Dès 1976, le rapport Guichard considérait les communes comme robustes, puisqu'elles « mariaient savamment la souplesse et la solidité »[227] pour satisfaire l'action publique locale. Malgré l'inadaptation de nombreuses d'entre elles pour l'exercice de certaines compétences, il ne préconisait pas leur suppression avec l'avènement de l'intercommunalité, mais une fédération. Le développement de grands ensembles intercommunaux à l'initiative de l'État, lesquels ne correspondent pas à la notion de bassin de vie développée par l'INSEE[228] a conduit à diluer la commune dans des périmètres vastes, démesurés pour certains, ce qui rend « assez utopique la proximité et l'agilité revendiquées dans la gestion des politiques publiques locales »[229]. La loi NOTRe a conduit à réduire de 39 % le nombre d'EPCI[230]. Par conséquent, la commune devient un échelon de base nécessaire et difficilement absorbable dans l'intercommunalité XXL ; en ce sens, elle contribue à sa sauvegarde. D'autant plus que de récents textes sont venus atténuer les critiques des maires en renforçant la place de la commune dans l'intercommunalité, et non en dehors. Dès lors, elle apparaît indispensable en raison de ses caractéristiques dans une intercommunalité rationalisée (section 1), avec une place revalorisée au sein de la structure de coopération intercommunale (section 2).

[227] Rapport Vivre ensemble, op. cit., p.52
[228] En 2023, 1254 EPCI à FP, pour 1 707 bassin de vie (INSEE)
[229] Rapport IGA, *Les communes nouvelles, un bilan décevant, des perspectives incertaines*, 2022, p. 55
[230] DGCL

Section 1 : Une commune indispensable dans une intercommunalité rationalisée

Les caractéristiques inhérentes à la commune ont contribué à la rendre indispensable face à une intercommunalité renforcée et rationalisée. Elle constitue un échelon démocratique par excellence (paragraphe 1), renforcé par l'exercice de compétences de proximité essentielles (paragraphe 2).

Paragraphe 1 : La commune, un échelon démocratique par excellence

La commune, par son ancienneté et sa proximité incarne auprès de ses administrés un véritable échelon démocratique. Tocqueville y voyait déjà en son temps « l'école de la démocratie » : « c'est [...] dans la commune que réside la force des peuples libres. Les institutions communales sont à la liberté, ce que les écoles primaires sont à la science ; elles la mettent à la portée du peuple ; elles lui en font goûter l'usage paisible et l'habituent à s'en servir » [231] en raison de la structuration de l'action communale. Cette force démocratique de la commune n'est plus à démontrer (A), contrairement à l'échelon intercommunal qui souffre d'une carence démocratique (B).

---

[231] A. de Tocqueville, *De la démocratie en Amérique*, 1835, 1981, T.1 p. 123

A/ La force démocratique de la commune

Jean-Gabriel Sorbara relève le paradoxe de la commune à la française : « vidées de la substance de leurs compétences, les communes rurales ne trouvent leur raison d'être que dans la proximité immédiate entretenue par le maire avec leurs habitants »[232]. Elle porte en elle une force démocratique inégalable, en comparaison avec tous les autres acteurs et élus locaux, mais aussi de véritables atouts face à l'EPCI à FP. En effet, le maillage de la commune fait d'elle le premier réseau d'administration, grâce à plus de 500.000 élus municipaux qui, au quotidien, font preuve de dévouement pour satisfaire et servir au mieux l'intérêt communal dont ils ont la charge. Un fonctionnement pouvant s'apparenter à une association, face au bénévolat du quotidien pour offrir des services à leur population, puisque les membres des conseils municipaux font preuve d'un dévouement honorable, sans être des professionnels de la politique. Pour l'essentiel, il ne s'agit pas d'un engagement partisan, notamment dans les petites communes. L'élection repose avant tout sur la personnalité des candidats et le projet politique porté, plus que sur l'appartenance à un parti politique.

La légitimité de l'équipe municipale est accrue par le mode de scrutin puisqu'ils sont élus par les citoyens depuis la loi du 21 mars 1831 pour une durée de six ans[233]. Les modalités d'élection des conseillers municipaux ne sont pas spécialement identiques par application d'un seuil de 1.000 habitants. Si l'opération électorale aboutit à une coexistence des régimes des modes de scrutin au nombre de

---

[232] JG. Sorbara, « Les petites communes », op. cit., p. 700

[233] Code électoral, articles L. 227 et s.

deux, concrètement, les élections municipales permettent une excellente représentation des choix des électeurs grâce au régime électoral choisi.

Dans les communes de moins de 1.000 habitants, lesquelles représentent 71,5 % des communes pour 13 % de la population[234], un mode de scrutin « très rustique »[235] issu de la loi municipale de 1884 continue de s'appliquer. Il s'agit d'un scrutin plurinominal majoritaire à deux tours. L'électeur vote pour des candidats et non une liste entière de candidats, grâce à la possibilité offerte de panacher. Une place prépondérante est laissée à *l'intuitu personae*, plus que sur le projet du candidat. Le décompte final s'effectue par candidat et non par liste.

Pour les communes supérieures à 1.000 habitants (article L. 260 et s. du Code électoral), il s'agit d'un scrutin de liste à deux tours avec représentation proportionnelle. La liste arrivée en tête obtient automatiquement la moitié des sièges, le reste étant attribué à la proportionnelle, au regard des scores obtenus. Les listes minoritaires ont une représentation dans l'hémicycle municipal : « il concilie dans ses résultats l'efficacité du système majoritaire et la représentation de la minorité, il est souvent présenté comme le mouton à cinq pattes »[236]. Ce mode de scrutin essaie de représenter au mieux les choix des électeurs, tout en conférant une majorité pour permettre d'agir tout au long du mandat, même si des voix s'élèvent pour abaisser la prime

---

234 DGCL, 2023

235 JF Lachaume, *La commune*, op. cit., p.47

236 Ibid, p. 48

majoritaire. À noter que la loi du 17 mai 2013[237] a abaissé le seuil de 3.500 à 1.000 habitants pour favoriser la parité. Le seuil aurait dû être abaissé à 500 habitants, comme l'attestent les débats lors de la loi Engagement et proximité, avec la mise en place d'une clause de revoyure avant les prochaines élections municipales de mars 2026. Ce droit commun électoral communal connaît une exception avec le système dit « PLM »[238], applicable dans les trois plus grandes villes de France. La section électorale est l'arrondissement, non la commune. Les électeurs vont élire les conseillers d'arrondissement, lesquels vont envoyer en fonction de leur poids démographique des représentants dans le conseil municipal de la commune. L'assemblée délibérante va élire le maire. Ce système dérogatoire au droit commun communal peut porter atteinte à la lisibilité et à l'intelligibilité du scrutin pour l'électeur, mais n'a pas été censuré par le juge constitutionnel[239]. Il a validé le dispositif en rejetant l'argument de l'atteinte à l'unité communale puisque les arrondissements ne sont pas des collectivités territoriales (ils n'ont pas de personnalité morale) et des instruments de liaisons existent entre les mairies d'arrondissements et la mairie centrale.
Par sa permanence, son maillage territorial et son mode de scrutin quasiment immuable, la commune apparaît comme la structure la plus démocratique du bloc communal. Une force face à la carence démocratique de l'EPCI à FP en voie d'amélioration, cependant.

---

[237] Loi n° 2013-403 du 17 mai 2013 *relative à l'élection des conseillers départementaux, des conseillers municipaux et des conseillers communautaires, et modifiant le calendrier électoral*

[238] CGCT, art. L 2511-1 et s. et Lois n° 82-1169 et n° 82-1170 du 31 déc. 1982

[239] CC, 28 décembre 1982, n°82-149 DC

B/ La carence démocratique de l'action intercommunale

Contrairement à la commune, la désignation des membres du conseil communautaire souffre d'une carence démocratique. L'État tente de la réduire progressivement sans remettre en cause la commune : un équilibre subtil doit être trouvé. Conséquence de la nature juridique d'établissement public et du principe de rattachement, les communes membres ont toujours eu un rôle déterminant dans la composition de l'assemblée délibérante intercommunale. Le débat sur la démocratisation est prégnant dans la doctrine ou la sphère politique au regard de l'importance des compétences attribuées à l'EPCI à FP, notamment sur le plan fiscal, par rapport au principe du consentement à l'impôt[240]. Ce dernier pourrait être mis à mal, sans un lien entre citoyen et EPCI, dont son pouvoir fiscal est élargi à une multitude d'imposition (propre et additionnelle). Ce principe semble se satisfaire du système actuel, bien que perfectible. Il est le fruit d'un avènement progressif, soucieux de trouver un subtil équilibre entre la préservation de l'autonomie communale et la légitimation de l'intercommunalité sans passer par la création d'un scrutin propre. Un tel choix entrainerait la création d'une nouvelle collectivité territoriale, au sens de l'article 72 alinéa 3 de la Constitution[241] si cette hypothèse était retenue et à une réelle disparition à terme de la commune par désuétude en raison de ses maigres compétences. Cette démocratisation de l'EPCI à FP s'est effectuée en douceur, sans être absolue, puisque « le lien électoral propre et direct

[240] Déclaration des droits de l'Homme et du citoyen, 26 août 1789, article 14

[241] Les conseils élus sont une caractéristique des collectivités territoriales, puisqu'elles « s'administrent librement par des conseils élus » : article 72 de la Constitution du 4 octobre 1958

fait défaut entre les administrés et l'organe de regroupement »[242] : le lien en vigueur aujourd'hui peut être qualifié d'intermédiaire.

Dans les débuts de l'intercommunalité de projet, les conseils municipaux de chaque commune désignaient leurs membres sans forcément être issus du conseil municipal. Il pouvait exister une déconnexion entre les deux assemblées, puisqu'un élu communautaire pouvait ne pas être un élu municipal, dès lors qu'il remplissait les conditions d'éligibilité pour être membre de l'assemblée communale. À l'exception de la forme la plus intégrée, la communauté urbaine, où ce principe ne s'appliquait pas. Ils étaient élus parmi les membres des conseils municipaux[243].

La loi Chevènement vient « renforcer la démocratie intercommunale »[244] par l'intermédiaire de l'élection indirecte des membres des assemblées intercommunales. Une mesure qui vise à combler la lacune démocratique : les membres du groupement ne pourront être issus uniquement des conseils municipaux. Dorénavant, ils seront issus et élus des conseils municipaux des communes membres, dans le cadre d'un suffrage indirect, charge aussi à l'exécutif municipal d'assurer à cette époque une représentation de l'opposition municipale. Parallèlement, de nombreux rapports incitent à revoir le mode de désignation des élus au sein des intercommunalités[245].

---

[242] B. Faure, op. cit, p. 423

[243] Articles 15 et 16 Loi n° 66-1069 du 31 décembre 1966 *relative aux communautés urbaines*

[244] N. Dantonel-Cor, op. cit., p.30

[245] Rapport de la commission Mauroy, Refonder l'action publique locale, 17 octobre 2000 ; Rapport Cour des comptes 2005, et Balladur (sans prétendre à l'exhaustivité).

Les lois du 16 décembre 2010, et du 17 mai 2013 dite loi « Valls »[246] sont venues poser le principe (déjà formulé dans le rapport Balladur[247]), puis le cadre de mise en œuvre pour une élection des membres au suffrage universel direct, afin de conférer « une véritable légitimité démocratique à des structures de plus en plus présentes dans la gouvernance territoriale et à prendre en compte le développement de leurs compétences » (exposé des motifs de la loi Valls). Cependant, il ne s'agit pas d'un scrutin autonome, puisqu'il se déroule dans le cadre des élections municipales. La désignation des membres du conseil communautaire a lieu en même temps que les membres du conseil municipal sur le même bulletin. Le mode de scrutin issu de 2013 oscille entre deux modalités, entre démocratie directe et indirecte[248].

Dans les communes de moins de 1.000 habitant le système déjà en place perdure : ce sont les conseils municipaux qui élisent leurs représentants dans le respect de l'ordre du tableau : le maire siège automatiquement (en principe, selon ses souhaits).

À l'inverse, dans les communes supérieures à ce seuil, les membres sont élus par les électeurs, par le système dit du fléchage. Le bulletin de vote contient deux colonnes, une pour les membres du conseil municipal et l'autre pour le conseil de la communauté. Les membres du conseil communautaire sont forcément élus au sein de l'assemblée communale, car le premier quart de la liste communautaire doit être identique, d'après l'article L. 273-9-1 du Code

---

[246] Loi n°2013-403 du 17 mai 2013 relative à l'élection des conseillers départementaux, des conseillers municipaux et des conseillers communautaires, et modifiant le calendrier électoral

[247] Ibid, p75

[248] Code électoral, articles, L. 273-1 à L. 273-12

électoral. Un élu communautaire est toujours élu municipal. Le lien entre les deux entités perdure, le législateur a consacré un « lien organique entre les mandats municipal et communautaire : le mandat communautaire n'est pas autonome du mandat municipal, l'élection des conseillers communautaires n'est en conséquence pas réellement directe mais liée, fléchée »[249]. Par exemple, si un conseiller communautaire démissionne de son mandat d'élu municipal, le premier prend fin automatiquement, ce qui n'est pas le cas si un élu communautaire démissionne uniquement de ce mandat. Cette élection « renforce l'aspect politique des EPCI »[250] et doit accompagner l'émergence d'une véritable intercommunalité de projet, même s'il vient créer une légitimité à deux niveaux : il « module la légitimité de ces conseillers selon leur commune d'origine »[251] suivant le nombre d'habitants de chaque commune membre. Toutefois, avec ce système, les communes restent à la base de l'intercommunalité, elles constituent la circonscription électorale. Elles en ressortent donc préservées. On peut percevoir une imitation du système dit « PLM » en vigueur dans les trois plus grandes villes de France.

Les auteurs sont unanimes : ce système est un progrès, même s'il demeure « une procédure d'information dans le cadre traditionnel de la démocratie municipale »[252]. Le lien entre citoyen et EPCI n'est pas entier, puisque la « démocratie intercommunale n'existe qu'à travers les

---

[249] E. Sorbet, « Elections 2014 et intercommunalités : les nouveautés à maîtriser », AJCT 2014, p.28

[250] N. Font, « Réforme territoriale - Retour sur cinq ans de réforme de l'intercommunalité », AJCT 2016, p. 68

[251] C. Chevilley-Hiver, L'opposition intercommunale, op. cit., p. 567

[252] B. Faure, op. cit., p. 407

communes » [253] , une conséquence de la nature d'établissement public et du principe de rattachement. Ce système de fléchage, bien que perfectible, poursuit un double objectif de renforcement des oppositions municipales et de la parité dans l'intercommunalité. Sur le premier point, on peut parler d'une « inégale représentation de l'opposition communale » [254] , liée en partie à la représentation communale, laquelle obéit à des bases démographiques. En effet, nombreuses sont les communes à être dotées d'un seul représentant : le maire siège automatiquement. Et, le mode de scrutin indirect dans les communes de moins de 1.000 habitants peut constituer un obstacle à la représentation de l'opposition. En revanche, pour les communes supérieures par le mode de scrutin à la proportionnelle, le législateur a ouvert la porte à une entrée de l'opposition municipale dans l'assemblée communautaire, elle pourra être représentée. Toutefois, cette représentation est conditionnée au nombre de sièges et au score de la liste adverse.
D'un point de vue pratique, l'opposition se manifeste différemment dans un EPCI, par rapport à une autre assemblée locale. Elle est moins politique car il s'agit de travailler ensemble pour mettre en œuvre un projet de territoire à son service. Dans le cas contraire, l'immobilisme pourrait être la règle. L'intercommunalité est marquée par « la culture du consensus »[255]. Elle permet de sauvegarder a minima les intérêts communaux. Dans de nombreux cas, c'est le système de la cogestion qui s'applique. Les élus font fi de leur clivage partisan au profit du territoire (voire de

---

[253] C. Chevilley-Hiver, op. cit., p. 567
[254] Ibid, p.565
[255] Ibid, p.568

leurs intérêts municipaux particuliers)[256] ou alors par l'opposition gauche-droite. La gouvernance s'apprécie au cas par cas avec une prépondérance de la cogestion.

Malgré ces véritables avancées, la carence démocratique perdure au vu du rôle fondamental de l'EPCI à FP dans l'action publique locale, le lien direct avec l'électeur n'est pas plein et entier. Une véritable réflexion doit s'engager à ce sujet, même si la création d'un scrutin propre, dépourvu de lien avec les élections municipales est taboue, sensible. Il s'apparente « à l'arlésienne »[257], tant il signifierait la fin de la commune, par la légitimation directe des structures qui exercent la majorité des compétences communales. La seule légitimité de l'intercommunalité est de l'ordre de la technique, liée aux compétences stratégiques et conséquentes qu'elles exercent. Les pouvoirs publics ont essayé d'imposer à plusieurs reprises ce sujet, en vain. En effet, lors des débats de la loi NOTRe, le gouvernement souhaitait une élection au suffrage universel direct dans le cadre d'un scrutin propre, pour les quatre types d'EPCI à FP[258]. Or, l'opposition des élus locaux, relayée par les sénateurs et le lobbying de l'Association des maires de France ont permis de conserver la situation actuelle, pour préserver la place de la commune dans l'intercommunalité. En 2009, le rapport Balladur suggérait l'idée d'un scrutin propre pour les métropoles de droit commun. L'article 54 de la loi MAPTAM est venu traduire l'idée et lors des débats de la loi NOTRe, le gouvernement

---

256 C. Mayer, « A Bordeaux Métropole, la fin de la cogestion entre la droite et la gauche », Le Monde, 17 juillet 2020.

257 E. Kerrouche, op. cit, p. 129

258 J-B Forray, « Réforme territoriale : Marylise Lebranchu pour la dévitalisation des communes », La Gazette des communes, 10 octobre 2014

souhaitait une généralisation à toutes les intercommunalités. La loi dite Engagement et proximité, issue de la colère des élus locaux, a abrogé cette disposition relative aux métropoles[259], en faisant du cadre communal la circonscription de référence de l'élection des élus communautaires. Le lien n'est pas remis en cause, pour l'instant. L'État ne semble pas disposer de l'autorité nécessaire pour réformer le système actuel. Le seul exemple d'un scrutin propre est la Métropole de Lyon, en qualité de collectivité territoriale à statut particulier. Il fait l'objet d'une contestation de la part de nombreux maires, car certains ne siègent pas au sein du conseil métropolitain et réclament la fin de ce système atypique : « La majorité des communes n'est pas représentée au sein des instances délibératives de la métropole. (…) À vouloir déposséder les élus municipaux de tout moyen d'action, alors même que ce sont les seuls au contact avec les habitants au quotidien, c'est la démocratie de proximité que l'on atteint »[260]. Cette spécificité est contestée, et au vu du retour d'expérience, il peut être difficile d'envisager une généralisation. La légitimité démocratique de la commune est indéniable. Elle rend improbable sa disparition en tant que telle, dès lors qu'elle constitue la base de la légitimité des intercommunalités actuelles. Les communes restent essentielles dans le bloc communal et demeurent l'échelon de base pour une action publique de proximité. Elles en ressortent renforcées par la politique de l'intercommunalité forcée, rendant difficile sa disparition par la proximité qu'elles incarnent.

---

[259] Article 6 loi du 27 décembre 2019 dite « Engagement et proximité »

[260] R. Schittly, « Les communes de la métropole de Lyon poursuivent leur fronde contre l'exécutif écologiste », Le Monde, 17 septembre 2021

Paragraphe 2 : Une proximité de l'action publique incarnée par la commune

L'article 145 de la loi Raffarin de 2004 qualifie la commune de « premier niveau d'administration publique et le premier échelon de proximité »[261]. En qualité de cellule de base de l'organisation administrative française, elle représente le premier niveau d'administration rencontré par les Français, renforcée par son maillage territorial étroit, lié au morcellement communal. Elle constitue une porte d'entrée pour de nombreux administrés, voire même un guichet unique pour orienter leur demande et subventionner de nombreux projets. Cette proximité est incarnée par l'exercice de compétences essentielles par la commune (A), caractérisée par une souplesse dans son action, grâce à la reconnaissance de la clause générale de compétence à son profit (B).

A/ L'exercice de compétences essentielles par la commune

La commune, en qualité de plus petite et première circonscription administrative de la République « est un lieu idéal pour l'administration de proximité et de contact »[262], elle est donc dotée de compétences essentielles pour satisfaire ses administrés et réaliser son rôle de « premier échelon de proximité » dans l'action publique. Dès la loi du 14 et 22 décembre 1789 (article 49), on distinguait les fonctions d'administration du royaume (déléguées par l'État, comme les impôts), et les fonctions propres au pouvoir municipal (gestion du domaine). Aujourd'hui, la

[261] Loi n° 2004-809 du 13 août 2004 *relative aux libertés et responsabilités locales*

[262] M. Verpeaux, op. cit, p. 414

commune est à la fois autorité décentralisée et déconcentrée, même si la loi ATR ne la consacre pas en cette qualité. Le maire bénéficie d'un dédoublement fonctionnel, il exerce des compétences déléguées par l'État, pour son compte. Elles sont énumérées à l'article L. 2122-27 CGCT. Il est également officier d'état civil et de police judiciaire, pour une proximité de l'action de l'État.
En raison du caractère unitaire de l'État, les 35.000 communes sont toutes dotées des mêmes compétences, quelle que soit leur taille, et elles se doivent de les mettre en œuvre, en raison des principes d'indivisibilité de la République et d'égalité qui supposent un droit uniforme sur tout le territoire. Le Conseil d'État a rappelé que les compétences au sein d'une même catégorie devaient être identiques, elles ne peuvent être différenciées, sauf si un intérêt général le justifie[263]. La loi 3DS le permet avec l'article L 1111-3 du CGCT, sous réserve du principe d'égalité, lequel constitue une limite à la différenciation des compétences. Pourtant, l'intercommunalité aboutit à des attributions communales différenciées dans les faits, car elles n'ont pas les mêmes compétences selon le type d'EPCI auxquelles elles appartiennent. Par exemple, une commune membre d'une communauté de communes conservera plus de compétences qu'une appartenant à une métropole. La lecture des attributions communales ne peut se faire qu'à l'aube de son appartenance à un EPCI. Malgré le phénomène intercommunal et les nombreux transferts aboutissant à une nouvelle répartition, elle n'en reste pas moins détentrice de compétences essentielles. Elle garde une action déterminante dans les domaines de la vie quotidienne. Ce rôle clé en la matière est conforté par la loi

---

[263] CE, avis consultatif, 7 déc. 2017, n° 393651, *Différenciation des compétences des collectivités territoriales*

MAPTAM du 27 janvier 2014[264]. Elle lui confère le rôle de chef de file dans les domaines de la mobilité durable, de l'organisation des services publics de proximité, de l'aménagement de l'espace et du développement local (sous réserve des transferts à l'EPCI). Cette technique issue de la réforme constitutionnelle du 28 mars 2003, permet « d'organiser les modalités de l'action commune »[265], sans amener à un pouvoir décisionnel sur les autres collectivités, pour respecter le principe de non tutelle et d'égalité. Elle vise à répondre à l'enchevêtrement des compétences typique de notre système décentralisé, par l'existence de nombreuses compétences partagées entre les différents échelons, alors même que le législateur consacre un principe de spécialité à l'article L. 1111-4 du CGCT pour que chaque échelon décentralisé exerce un type de compétence qui lui est propre. Un bloc de compétences devrait être rattachable à un échelon clairement identifié. Malheureusement l'illisibilité demeure : la création du chef de filât doit atténuer les effets de ce système. La commune est supposée être l'élément moteur dans les domaines énumérés, un rôle déterminant témoignant de la proximité de son action, au plus près des administrés pour des compétences essentielles dans la vie quotidienne.

En théorie, elles sont toutes titulaires des mêmes compétences, elles exercent des compétences « d'autorité », et de « gestion »[266]. Les premières visent à « empêcher les infractions de se produire » et les secondes à « satisfaire les besoins de proximité ». Sans tomber dans un inventaire, les compétences visent pour l'essentiel, la police

---

[264] CGCT, art. L 1111-9 III
[265] Article 72 alinéa 5 de la Constitution du 4 octobre 1958
[266] B. Faure, op. cit, p. 614

administrative[267] (générale article L. 2212-2 du CGCT et spéciale, renforcée par le législateur en 2019), l'urbanisme (planification et autorisation), la culture, l'enseignement primaire, et les activités sportives (sans prétendre à l'exhaustivité). À noter, une difficulté pour certaines à exercer leurs compétences, notamment avec la compétence urbanisme ou la majorité (lors du transfert en 1983) n'était pas en mesure de la mettre en œuvre [268] et l'intercommunalité a dû les absorber, en dépit du caractère sensible du sujet. La loi ALUR lui confère la compétence de principe, pour l'élaboration des PLU, sauf délibérations contraires des conseils municipaux pour garder la compétence, sous réserve qu'ils représentent 25 % des communes pour 20 % de la population. De nombreuses ont choisi de la conserver au regard du caractère stratégique d'un tel document sur la maîtrise des sols pour orienter et décider de l'évolution de leur territoire, même si elles doivent recourir à des cabinets privés ou au service de l'État pour les instructions ou conceptions des documents.
Parmi ces compétences, de nombreuses sont partagées entre les autres niveaux de collectivités (sport, tourisme, culture, par exemple) tandis que d'autres sont transférées exclusivement aux intercommunalités. En général, il s'agit de la perte des compétences stratégiques et/ou à caractère technique, celles de proximité restent à la main de la commune, même si cette analyse peut être faussée[269]. À côté de ces compétences d'attribution représentant le mode traditionnel de répartition des compétences, elle est titulaire d'une clause générale de compétence. Cette dernière lui

[267] CGCT, art. L 2122-24
[268] J. Chapuisat, « Bilan de cinq années d'urbanisme communal », AJDA 1989, p. 105
[269] Les métropoles exercent même des compétences de proximité : gestion des cimetières, notamment CGCT, art. L. 5217-2

confère une souplesse dans son action, puisqu'elle peut agir au-delà des compétences que le législateur lui octroie.

B/ La souplesse de l'action communale par la clause générale de compétence

L'article L. 2121-29 du CGCT par la formulation suivante : « le conseil municipal règle par ses délibérations les affaires de la commune » vient consacrer une clause générale de compétence pour les communes. Elle se caractérise par sa permanence, depuis son institution par la loi du 5 avril 1884, contrairement à sa suppression pour les départements et régions par la loi NOTRe. Ce mode particulier d'attribution de compétences prend la forme d'une compétence complémentaire. Elle est typique de la notion de collectivité territoriale. Pour Michel Verpeaux, elle représente une « possibilité d'intervenir de manière complémentaire et facultative, dans des domaines de compétences attribués par la loi à d'autres collectivités territoriales, dès lors qu'il existe un intérêt public local suffisant, susceptible de justifier son intervention »[270]. Elle coexiste à côté des compétences d'attribution communale et se caractérise par une faculté d'intervenir librement dès lors qu'il y a un intérêt public local et non privé.

L'intérêt public local fonde l'action de la commune tout en la limitant. Une telle absence est sanctionnée par le juge administratif. Il n'y a pas de définition générale de cet intérêt public local, par conséquent, il est difficile à définir. Seule une lecture et analyse de la jurisprudence abondante en la matière permet d'en saisir la portée. Il en ressort qu'il vise à satisfaire les besoins de leur population : « une liberté

[270] M. Verpeaux, op. cit., p. 406

d'agir en général pour tout ce qui regarde la population locale et fait qu'aucun secteur de la vie publique n'est a priori insusceptible d'être couvert par l'exercice de cette liberté »[271]. Il doit avoir une retombée plus ou moins directe sur les habitants de la commune. Il est évolutif tant sur le plan spatial que temporel, pour y correspondre au mieux. Les décisions sont nombreuses en la matière, et on pourrait qualifier ces jurisprudences de généreuses, tant les domaines d'intervention sur ce fondement sont entendus de manière extensive. Le juge a un rôle prépondérant dans la recherche de l'intérêt public. Il permet de donner du corps à cette notion insaisissable. À titre d'exemple, on peut retrouver toutes les décisions relatives à la création de services publics locaux (issu de la doctrine du socialisme municipal), témoignant du caractère évolutif de l'intérêt public local, pouvant parfois concurrencer l'initiative privée[272]. Ou encore de manière surprenante, il a été admis de la gratuité d'une cantine à des enfants de cheminots grévistes[273].

En revanche, elle n'est pas absolue, elle est résiduelle. La commune peut l'utiliser uniquement pour l'exercice de compétences que le législateur n'a pas attribuées expressément et uniquement à un autre niveau de collectivité locale. Par exemple, dans le cadre des compétences transférées à un EPCI, une commune ne peut pas les exercer sur ce fondement, pour en récupérer l'exercice[274], en lien avec le principe d'exclusivité. La clause présente un caractère subsidiaire, car elle est

---

[271] B. Faure, op. cit., p. 649

[272] CE, 29 mars 1901, *Casanova* ; CE, 30 mai 1930, *Chambre syndicale du commerce en détail de Nevers* ; CE, 31 mai 2006, *Ordre des avocats au barreau de Paris*

[273] CE, 11 octobre 1989, *Commune de Port-Saint-Louis-du-Rhône*

[274] CE, 18 octobre 1993, *Commune de Senots, n° 126038*

tributaire des compétences des autres collectivités territoriales et de l'État pour être exercée. Une commune ne peut s'en prévaloir pour modifier les compétences d'attribution de chaque échelon du bloc communal, elle se doit de les respecter. En dépit de cet encadrement, qui n'est pas totalement une faculté d'auto-administration de la commune, la clause générale de compétence lui confère une souplesse, une facilité dans son action, en dehors de toutes les compétences exercées par l'EPCI. Ce fondement ne lui permet pas de les récupérer. Une chance pour la commune de pouvoir agir sur ce fondement, pour répondre au plus près des demandes de leurs administrés en allant au-delà de leurs compétences expressément prévues par le législateur.

Elle n'a jamais été remise en cause, malgré son fondement législatif. Il la rend précaire, instable. Une commune peut agir sur ce fondement si, et seulement si, le législateur lui reconnaît cette possibilité : elle n'est pas garantie à vie. Il ne s'agit pas d'un principe fondamental reconnu par les lois de la République[275]. De plus, elle ne découle pas de la libre-administration, car elle ne prive pas les collectivités territoriales d'attributions effectives, dès lors qu'elle n'est pas l'unique mode d'attribution de compétences[276]. Pour les communes, il est difficile de déterminer sa valeur, car ce raisonnement est le fruit d'une analogie. En effet, il a été appliqué par les juges constitutionnels lors de la suppression de la clause générale aux départements et régions. Il n'a jamais eu à se prononcer sur la clause générale des communes. Cette latitude à agir est une caractéristique majeure de la commune,

[275] CC, 9 décembre 2010, n°210-618DC, *loi RCT*

[276] CC, 16 sept. 2016, n° 2016-565 QPC, *Assemblée des départements de France*

contrairement à l'action de l'EPCI encadrée par le principe de spécialité. Bien que doté de compétences très élargies, dépourvues de lien entre elles, il ne peut aller au-delà.
Toutefois, il est à relever quelques cas exceptionnels. La métropole de Lyon est titulaire de la clause générale de compétence[277]. Malgré tout, on ne peut pas la mettre sur le même plan que les EPCI à FP de droit commun, car dans ce cas précis, elle prend la forme d'une collectivité territoriale à statut particulier. Et la jurisprudence a parfois admis des entorses à la spécialité de l'EPCI pour faire « prévaloir l'effectivité » de l'action publique sur le principe juridique[278]. Par exemple, le juge a admis une subvention versée en dehors du périmètre d'action[279]. Ces hypothèses sont assez marginales. Elles encadrent fortement l'action des EPCI, au contraire de la commune. Cette dernière peut répondre plus facilement aux besoins de sa population, par la notion d'intérêt public local, dès lors qu'elle a exercé ses compétences d'attribution.
En dehors de l'intercommunalité, la commune possède de nombreux atouts, tant du point de vue démocratique que des compétences exercées. Ces éléments constitutifs d'une force communale rendent difficile sa disparition et son absorption totale par cette structure particulière dans notre paysage juridique, surtout que le législateur a opéré un renforcement de la commune au sein de son intercommunalité face aux critiques des élus locaux.

---

277 CGCT, art. L 3642-1 CGCT

278 B. Faure, op. cit., p. 415

279 CE, 20 janvier 1989, *SIVOM agglomération Rouennaise*

Section 2 : Un renforcement de la commune au sein de l'intercommunalité

La loi relative à l'engagement dans la vie locale et à la proximité de l'action publique du 27 décembre 2019[280] est un tournant dans la politique de l'Etat vis-à-vis de l'intercommunalité. Ce texte conjoncturel est issu d'une réaction quasi unanime des élus locaux sur les effets de la loi NOTRe, avec une volonté de rééquilibrer les relations au sein du bloc communal au profit des communes. Selon un rapport parlementaire, la consolidation de l'intercommunalité a été mal vécue par « les élus municipaux, en particulier les maires, [lesquels] ressentent un éloignement et une perte d'influence vis-à-vis des intercommunalités. L'enjeu est aujourd'hui de rééquilibrer la relation entre intercommunalités et communes en associant davantage les maires et les élus municipaux à la gouvernance des EPCI »[281]. Avec elle, le législateur marque un temps d'arrêt sur le mouvement de relégation des communes, considérées comme les « grandes perdantes d'une décentralisation lancée à toute allure dans la course à la démesure, entre grandes régions et intercommunalités XXL »[282]. Lors des débats parlementaires, les sénateurs souhaitaient faire ressurgir une intercommunalité de service ou pour le moins à la carte pour faire primer la liberté des

---

[280] Loi n°2019-1461 du 27 décembre 2019 r*elative à l'engagement dans la vie locale et à la proximité de l'action publique*

[281] B. Questel, R. Schellenberger, Rapport d'information (...) en conclusion des travaux d'une mission d'information sur l'évaluation de l'impact de la loi n° 2015-991 du 7 août 2015 relative à la nouvelle organisation territoriale de la République (loi NOTRe), décembre 2019

[282] N. Ferreira, « Loi Engagement et proximité : qui gagne, perd ? De la valorisation des maires... aux dépens des communes », AJCT 2020, p. 224

communes, face à l'arbitraire des pouvoirs publics. Un compromis fut nécessaire avec les députés pour asseoir la place de la commune, tout en préservant les acquis de l'intercommunalité de projet. Le texte est un palliatif pour atténuer les irritants, sans changer réellement la situation. En réalité, elle vient consolider le bloc communal sans le remettre en cause par un rehaussement de la commune en son sein, par l'intermédiaire du maire dans le fonctionnement de l'intercommunalité. Il s'agit avant tout d'une revalorisation de la commune ciblée au sein de l'intercommunalité (paragraphe 1), malgré la complexité apparente de ces dispositifs de revitalisation communale (paragraphe 2).

Paragraphe 1 : Une revalorisation de la commune ciblée au sein de l'intercommunalité

La commune, notamment rurale, bénéficie d'une revalorisation ciblée dans son intercommunalité par de nombreux dispositifs. La loi mentionnée maintient « sous oxygène les plus petites communes, que l'intercommunalité de projet voue à une disparition inéluctable »[283]. Les récents textes visent essentiellement les communautés de communes et d'agglomération. Il s'agit de rapprocher la commune des instances dirigeantes de l'EPCI à FP par la construction d'une nouvelle gouvernance (A) et de s'adapter à leur volonté par une répartition assouplie des compétences (B).

[283] JF. Brisson, « Le bloc communal : recoller les morceaux et préserver l'essentiel », RFDA 2020, p. 214

A/ La construction d'une nouvelle gouvernance

Avec l'émergence « d'un pouvoir distinct des communes membres »[284], de nombreuses communes sont mises à l'écart du processus décisionnel intercommunal : un comble dans une structure créée pour les communes. Selon l'exposé des motifs de la loi de 2019, de nouveaux dispositifs ont été créés pour favoriser une nouvelle gouvernance et renforcer « l'importance et le rôle clé du premier magistrat de la commune dans le couple commune/intercommunalité ». Il s'agit d'atténuer les effets de la logique institutionnelle pour « restaurer le lien entre élus municipaux et intercommunalité, c'est-à-dire atténuer l'éloignement ressenti par les élus locaux et apaiser leur sentiment de dessaisissement des affaires locales par les élus communautaires »[285]. Cette loi de circonstance vise essentiellement les petites communes. Elles ont perdu toute influence dans les EPCI à FP, dès lors qu'elles ont été intégrées dans des ensembles plus vastes, avec l'application d'une représentation démographique. Ce rééquilibrage vise essentiellement la commune. Le législateur a prévu des mesures pour remettre le maire au centre de l'intercommunalité. Elles peuvent se regrouper en deux catégories, pour développer la participation et l'information, sans réellement développer un pouvoir de décision au profit de la commune. Il s'agit en réalité de mieux associer le maire, et dans une moindre mesure les élus municipaux, par des instances de coordination ou de liaison.

---

[284] B. Faure, op. cit, p.409

[285] M. Douence, « La confortation du statut quo de la coopération intercommunale, ou beaucoup de bruit pour rien ? », RFDA 2020, p. 223

Tout d'abord, on retrouve le pacte de gouvernance consacré à l'article L. 5211-11-2 du CGCT. Il représente un « document définissant également les relations, non pas entre les communes entre elles, mais entre ces communes et leur intercommunalité »[286]. Les parlementaires ont repris pour compte une pratique développée dans de nombreuses intercommunalités, mais sa portée est réduite. En effet, il pose l'obligation d'un débat sur la possibilité d'une élaboration. Il s'agit simplement d'une faculté de l'adopter. Ce document est périodique, puisqu'après chaque renouvellement de l'assemblée délibérante, c'est-à-dire lors du « renouvellement général des conseils municipaux » ou de modification de la composition de l'EPCI, une discussion doit avoir lieu sur une éventuelle adoption. Si ce choix est validé par les élus communautaires, ce pacte doit être adopté dans les neuf mois qui suivent, comprenant un temps de consultation des conseils municipaux, pour avis simple. Le contenu est laissé à la discrétion des élus, même si le CGCT donne quelques indications sur son contenu. Le législateur se veut incitatif pour orienter le contenu de ce document, sans être limitatif : son contenu est variable d'un EPCI à FP à l'autre pour régir au mieux les relations avec les communes membres. Pour Floriane Boulay deux grands types de mesures peuvent y être intégrées, celles qui « facilitent et améliorent le processus de décision intercommunale », et « les conditions d'exercice des compétences transférées »[287]. Il est notamment possible de rencontrer des mesures relatives à la mutualisation des services, à la délégation de compétences, voire sur la parité.

---

[286] F. Boulay, « Loi Engagement et proximité : consécration de la pratique du pacte de gouvernance entre communes et intercommunalité », AJCT 2020, p.76

[287] Ibid

En revanche, la doctrine affiche son scepticisme sur les effets juridiques de ce pacte.
Maylis Douence évoque une « nature juridique indéterminée »[288] et Bertrand Faure ne voit pas « d'effet contraignant » à l'égard de l'EPCI[289]. Il s'apparenterait plus à un gadget, un document symbolique pour rassurer les communes, une sorte de code de bonne conduite à tenir dans les relations entre ces deux personnes morales de droit public. La jurisprudence donnera peut-être une réponse à ces questionnements.

L'autre principale mesure consiste à généraliser la conférence des maires, déjà existante dans les métropoles, sous la dénomination de conférence métropolitaine[290]. Elle vise à regrouper tous les maires de l'EPCI, dès lors qu'ils ne sont pas représentés intégralement dans le bureau communautaire, une sorte d'assemblée générale de l'ensemble des premiers magistrats. Cet outil contribue à un rééquilibrage au regard des prérogatives qui peuvent être concédées au bureau, si tous les maires n'y siègent pas, et à la dilution des petites communes dans l'assemblée délibérante communautaire, depuis l'application de la décision commune de Salbris. La représentation purement égalitaire de chaque commune, dans cette instance, vient conférer à toutes le même poids, indépendamment de leur démographie. En ce sens, elle vient revaloriser la commune par l'intermédiaire du maire dans l'intercommunalité, avec la possibilité de créer des conférences territoriales des maires, pour correspondre aux réalités locales, dans des

[288] M. Douence, « La confortation du statut quo de la coopération intercommunale, ou beaucoup de bruit pour rien ? », RFDA 2020, p. 223
[289] B. Faure, « La commune : le retour », AJDA 2020, p. 557
[290] CGCT, article L. 5211-11-3

intercommunalités démesurées. Or, sa force juridique est assez décevante, puisqu'il s'agit d'une instance purement consultative, de dialogue, voire de coordination sur tous les sujets d'intérêts communautaires. Après qu'elle soit réunie par le président de l'EPCI ou à la demande d'un tiers des maires, elle ne rend que des avis, sans que ce soit une obligation. Elle ne possède aucune forme de pouvoir sur les décisions de l'EPCI, car non élue[291]. La pratique viendra éclairer sur son rôle, soit comme « véritable organe de réflexion et de coordination », pour préparer au mieux les délibérations, soit comme un « simple gadget », pour rassurer et limiter la défiance des maires ruraux[292]. Des auteurs comme Jean-François Brisson émettent des réserves, puisque selon eux le risque de cette instance est un « court-circuitage de l'assemblée communautaire »[293] et à terme qu'elle ne devienne qu'une simple chambre d'enregistrement des solutions retenues en conférence des maires et non de débats.

Toujours dans une logique de liaison, les élus municipaux n'ayant pas la qualité de conseillers communautaires bénéficient d'une information renforcée sur l'activité intercommunale pour éviter, plutôt que limiter un éloignement croissant incompris avec l'intercommunalité, laquelle a des incidences sur les affaires communales sur lesquelles ils sont amenés à délibérer. L'article L. 5211-40-2 CGCT détaille les modalités de cette information, relative aux « affaires de l'établissement

---

[291] En ce sens, l'avis du Conseil d'Etat du 15 juillet 2019, n°398013

[292] N. Ferreira, « Loi Engagement et proximité : qui gagne, perd ? De la valorisation des maires... aux dépens des communes », op. cit.

[293] J-F. Brisson, « Le bloc communal : recoller les morceaux et préserver l'essentiel », op. cit.

faisant l'objet d'une délibération ». Il s'agit de les informer par la transmission des convocations adressées aux élus communautaires lors de la réunion de l'assemblée délibérante, ainsi qu'un compte rendu des décisions prises. De plus, un élu municipal peut remplacer un élu communautaire dans le fonctionnement d'une commission intercommunale, sur décision du maire.
Malgré tout, ce renforcement de la commune permet aussi de consolider et favoriser l'acceptation de l'intercommunalité par une meilleure association des communes membres. Il s'agit de l'objectif poursuivi par le législateur car l'exposé des motifs précise que le « renforcement du rôle du maire contribuera à la légitimité des intercommunalités », laquelle fait défaut aujourd'hui. Tous ces dispositifs permettent de revaloriser la commune par l'intermédiaire du maire dans la gouvernance de l'intercommunalité. L'avenir permettra de savoir l'usage fait de ces instruments dépourvus de portée décisionnelle, comme sur la possibilité offerte de répartir plus souplement les compétences entre communes et intercommunalités.

B/ Une répartition des compétences assouplie

Les domaines stratégiques liés à l'aménagement et à la maîtrise du territoire communal ont progressivement été transférés sans le consentement des communes aux intercommunalités (l'urbanisme, le développement économique, l'eau, l'assainissement et les ordures ménagères). La commune conserve des compétences minimales, celles de proximité : elles font d'elle sa raison d'être[294]. Lors des débats, les sénateurs souhaitaient le

[294] JG Sorbara, « Les petites communes », *in Mélanges Verpeaux*, op. cit., p.705

retour à une vision datée de l'intercommunalité, c'est-à-dire de gestion et à la carte. Ils voulaient ressusciter une intercommunalité la moins intégrée possible pour laisser plus de souplesse dans la répartition des compétences aux élus du bloc communal. Sans pour autant obérer les acquis de l'intercommunalité de projet, quelques évolutions notoires ont eu lieu. En ce sens, la chambre haute a été écoutée, puisque la répartition des compétences est assouplie par « une libéralisation partielle des compétences communautaires »[295] sur trois aspects : le renforcement de la délégation de compétences, la restitution des compétences facultatives et le transfert de compétences de l'EPCI vers la commune. Elles aboutissent en réalité à une diversification des compétences au sein de chaque intercommunalité, plus qu'entre les catégories d'EPCI, car les statuts ont une différenciation limitée : ils tendent progressivement à se rapprocher.

La répartition des compétences entre les communes et l'EPCI est moins rigide grâce à la suppression des compétences optionnelles. Elles représentaient une liste de compétences, au sein de laquelle les communes devaient choisir lesquelles va exercer l'intercommunalité, en complément des attributions obligatoires. Dans sa rédaction antérieure le CGCT prévoyait que la communauté d'agglomération devait par exemple exercer « au moins trois compétences parmi les sept » énumérées à l'article L. 5216-5 du CGCT, en plus des compétences obligatoires. Ce mode d'attribution des compétences fut supprimé. Par conséquent, ce sont les communes qui décideront ou pas de transférer ces compétences prévues dans cette liste. Le

[295] M. Douence, « La confortation du statut quo de la coopération intercommunale, ou beaucoup de bruit pour rien ? », op. cit.

nouveau système aboutit à deux types de compétences exercées par l'EPCI à FP : les compétences obligatoires et les compétences facultatives que les communes peuvent transférer librement [296] . En réalité, de nombreuses compétences présentes dans ce bloc optionnel avaient déjà basculé dans les obligatoires. La mesure est avant tout symbolique, elle vise à rassurer les communes. Sa portée est réduite puisque dans ce cas de figure, elles ne peuvent les récupérer. En revanche, si elle n'appartient pas au bloc obligatoire, elles peuvent solliciter la restitution de la compétence ; à défaut l'EPCI l'exercera de plein droit.

En outre, les parlementaires ont introduit une disposition assez novatrice. Les communes ont dorénavant la possibilité de se voir restituer les compétences transférées volontairement, sur le fondement de l'article mentionné précédemment L. 5211-17-1 (lequel sert aussi de fondement pour les compétences optionnelles non obligatoires). Une commune sur l'ensemble des membres peut demander le retour de cette compétence transférée. Il s'agit là d'une rupture, à rebours du caractère intégratif et définitif de l'intercommunalité : elle n'est plus « vécue par le législateur comme un mouvement irréversible »[297], même si dans les faits, la procédure est relativement complexe. Elle constitue un frein à la mise en œuvre de cette rétrocession en faveur des communes. Le législateur exige les conditions de majorité qualifiée nécessaires à la création de l'EPCI, la restitution n'est pas si aisée. Les compétences facultatives de l'intercommunalité peuvent donc être rétrocédées aux communes.

---

[296] CGCT, art. L 5211-17

[297] JF. Brisson, « Le bloc communal : recoller les morceaux et préserver l'essentiel », op, cit,.

De plus, un mécanisme de délégation de compétences au profit de la commune est prévu pour quelques attributions. En réalité, elle cible les transferts les plus décriés et contestés, à savoir les compétences eau et assainissement, gestion des eaux pluviales urbaines et gestion des milieux aquatiques et prévention des inondations [298] . Ce mode particulier d'exercice des compétences permet à la commune d'exercer la compétence pour le compte de l'intercommunalité par la conclusion d'une convention entre l'EPCI et elle. Il ne s'agit aucunement d'un transfert de la compétence, elle appartient toujours à l'EPCI à FP. Il garde toujours le contrôle de la compétence puisqu'elle est exercée en son nom et pour son compte par la commune. La délégation est à distinguer du transfert, car dans ce dernier cas, il entraîne le dessaisissement total d'une personne juridique au profit d'une autre. Elle ne peut plus la maîtriser et l'exercer en vertu du principe d'indisponibilité des compétences. La délégation est moins radicale, elle est plus souple, le déléguant en garde la maîtrise. Cette méthode permet de rassurer les communes en permettant l'exercice d'une compétence en proximité, au plus près, à moindre coût, sans détricoter entièrement les acquis de l'intercommunalité, laquelle garde cette compétence. La commune ne récupère pas la compétence transférée, elle l'exerce seulement. Dans ces hypothèses la délégation repose sur un fondement sectoriel, précis. Pourtant, le législateur admet de manière élargie la possibilité pour les communautés urbaines et d'agglomération de « confier, par convention avec la ou les collectivités concernées, la création ou la gestion de certains équipements ou services relevant de ses attributions à une ou plusieurs communes membres, à leurs

[298] CGCT, art. L 5214-16 et L 5216-5

groupements ou à toute autre collectivité territoriale ou établissement public »[299]. Cette situation aboutit à ce que « la notion d'autorité fonctionnelle tend à devenir la clef de voûte »[300] de la répartition des compétences dans le bloc communal pour Jean-François Brisson. Pourtant, la délégation de compétence telle que prévue par l'article L. 1111-8 du CGCT n'est possible qu'entre collectivités territoriales dotées de compétences d'attribution, contrairement à l'EPCI qui n'existe qu'en vertu des compétences transférées des communes à son profit. La situation est différente. D'une certaine manière, le législateur en 2019 ouvre par secteur cette possibilité aux EPCI par une procédure spécifique. La délégation ne revient pas sur les transferts de compétences, notamment eau et assainissement, obligatoires au 1 janvier 2026 pour toutes les communes. Le législateur est venu ici accorder une souplesse dans l'exercice des compétences. Ou encore, les textes prévoient une meilleure association en matière d'urbanisme lors de l'élaboration des PLUi.

Enfin, le législateur avec la loi 3DS, en son article 10, a ouvert la voie à une restitution à la marge de compétence appartenant au bloc obligatoire, puisqu'elle porte uniquement sur la promotion du tourisme et la gestion des offices du tourisme pour les communes « érigées en stations classées de tourisme ». Les communes doivent faire la demande pour pouvoir retrouver l'exercice plein et entier de cette compétence. En cas de perte de cette qualification, les délibérations octroyant le retour de ce transfert deviennent caduques, l'EPCI est de nouveau compétent. En outre, l'intérêt communautaire est élargi à la voirie pour les

---

299 CGCT, articles L 5215-17 et L 5216-7-1

300 Ibid

communautés urbaines et la métropole pour permettre une action communale sur les rues de proximité non structurantes.

Tous ces textes, par leur volonté de rééquilibrer les relations entre ces deux entités, marquent un temps d'arrêt avec la politique intégrative menée depuis 30 ans uniquement orientée vers l'intercommunalité. Il est difficile de faire état d'un rétropédalage puisque les fondements de l'intercommunalité de projet en ressortent sauvegardés. Il n'y a pas eu de retour en arrière, seulement des adaptations pour fluidifier le fonctionnement. Il s'agit avant tout de revaloriser la commune dans sa relation avec son EPCI à FP, pour conforter sa place au sein du bloc communal et non en dehors. En effet, ces dispositions législatives tentent de répondre aux attentes des communes par une amélioration de la gouvernance, puis par un assouplissement dans l'exercice des compétences. Cette différenciation des compétences et des relations institutionnelles au sein de chaque bloc communal est bienvenue pour les communes. Malgré tout, la portée de ces mesures est décevante. Elles restent extrêmement limitées et complexes à mettre en œuvre. Il s'agit essentiellement de dispositions symboliques afin de favoriser l'acceptation de l'intercommunalité par des garanties apportées aux communes, même si elles sont peu applicables en pratique. On perçoit l'exercice d'équilibriste mené par les pouvoirs publics : ne pas obérer les acquis tout en renforçant la légitimité de la structure auprès des communes. Le point commun de l'ensemble des dispositifs de revalorisation de la commune au sein de l'intercommunalité est la complexité.

Paragraphe 2 : La complexité des dispositifs de revalorisation de la commune au sein de l'intercommunalité

Les récentes lois ont consolidé le bloc communal par le rehaussement de la place de la commune dans l'intercommunalité en tentant de la replacer au centre de son fonctionnement. Les mesures adoptées ont pour point commun la complexité, tant dans la mise en œuvre des dispositifs de renouveau communal (A) que dans la lisibilité, puisqu'elles ouvrent la voie à un renforcement de la différenciation des relations communes-intercommunalité (B).

A/ La délicate mise en œuvre des dispositifs du renouveau communal

Les récentes lois sont venues redonner une place à la commune dans l'intercommunalité, principalement au sein des communautés de communes et d'agglomération. Ces dispositifs se caractérisent par leur complexité dans leur mise en œuvre au vu des conditions nécessaires à requérir, que ce soit pour ceux relatifs à l'appartenance au sein de l'EPCI à FP ou encore ceux sur les modalités d'exercice des compétences.

La carte intercommunale est supposée ne pas être figée. Elle est susceptible d'évolution par la révision du SDCI ou par la volonté communale. En effet, le législateur a souhaité redonner une marge de liberté aux communes en leur octroyant le droit de quitter une intercommunalité sans pour autant supprimer l'obligation d'adhésion. La procédure dite du retrait-adhésion est instituée à l'article L. 5211-19 du CGCT. Peuvent en bénéficier uniquement les communautés de communes et d'agglomération avec une procédure spéciale si des difficultés surviennent dans la mise en œuvre de la première[301]. Ces articles tendent à faciliter sa mise en œuvre. Concrètement, elle consiste à se retirer de son intercommunalité pour se rattacher automatiquement à une nouvelle intercommunalité. La commune ne peut donc utiliser cette procédure pour retrouver une pleine liberté. La commune isolée demeure toujours prohibée en vertu de l'article L. 5210-1-2 du CGCT. Normalement, elle est conditionnée à « l'accord des conseils municipaux exprimé dans les conditions de majorité requises pour la création de l'établissement », et du conseil communautaire de l'EPCI de rattachement, selon la procédure de droit commun. De plus, lorsque qu'une commune souhaite quitter une communauté d'agglomération, le retrait ne doit pas faire disparaître les seuils nécessaires à sa constitution et ne pas créer de discontinuité territoriale[302]. C'est le préfet, après avis de la CDCI qui prendra un arrêté de rattachement. On retrouve le rôle de l'État dans la maîtrise de l'organisation territoriale. Par ailleurs, la loi Engagement et proximité, par une procédure spéciale constitue la réelle nouveauté. Elle l'autorise à passer outre ces conditions, dès l'instant ou le nouvel EPCI d'accueil a donné son accord, lequel permet de redonner une forme de liberté à la commune sur la maîtrise de son destin intercommunal. La mise en œuvre est relativement complexe, la commune seule ne peut donc décider de son avenir quant à l'appartenance à l'intercommunalité de son choix.

En outre, le législateur a souhaité dans l'organisation de l'intercommunalité permettre à plusieurs communes de se

---

[301] CGCT, art. L. 5214-26 et L. 5216-11

[302] CE, 28 décembre 2005, *Commune de Poigny*

retirer pour en créer une nouvelle par scission de l'intercommunalité existante[303]. Là aussi, les conditions sont relativement drastiques car la procédure ne peut remettre en cause les seuils démographiques inhérents aux agglomérations. Depuis son entrée en vigueur, cette disposition a été utilisée de rares fois, deux fois à en croire le recensement effectué en 2022 par l'AMF[304]. Ces mesures « renforcent l'autonomie communale » dans son EPCI[305], mais ne sont pas absolues. Elles ne visent pas les communautés urbaines et les métropoles pour ne pas mettre à mal ces structures à l'intégration renforcée.

Pour Maylis Douence, ces mesures de réforme de la carte intercommunale à la main des communes sont essentiellement « symboliques »[306] compte tenu des critères de mises en œuvre. Elles visent à apporter « corrections à la marge, [..] et asseoir durablement l'existence des communautés » pour permettre un fonctionnement optimal et éviter « qu'une commune intégrée contre son gré ne paralyse son action »[307]. Il s'agit plus de droits consacrés pour rassurer les communes qu'une possibilité effective de les mettre en œuvre, au vu des conditions restrictives. Pour une partie de la doctrine, la loi aboutit à une fragilisation de l'intercommunalité par les dispositifs de retrait, même si elle permet de corriger les effets induits par la constitution de vastes ensembles issus des lois de la décennie 2010 pour retrouver de la proximité et une influence communale dans l'action du bloc communal. La portée de tels instruments est

[303] CGCT, art. L 5211-1-A.

[304] https://www.amf.asso.fr/documents-quelles-ont-ete-les-modifications-perimetres-intercommunaux-en-2022/41115.

[305] B. Faure, « La commune : le retour », op.cit,

[306] M. Douence, op. cit.

[307] N. Ferreira, « Loi engagement et proximité : qui gagne qui perd », op. cit.

relativement réduite, elle est plus théorique que pratique, on peut douter d'une généralisation de l'usage de ces procédures. Elles resteront sporadiques et limitées à des cas très particuliers, pour rectifier les cas de blocage ou de contestation les plus importants.

Le même raisonnement a lieu en matière de restitution des compétences facultatives. Le retour d'une compétence dans le champ communal est subordonné au double accord du conseil communautaire et des communes membres, avec une majorité qualifiée.

Ces mesures sont censées être favorables aux communes, avec une volonté communale garantie et renforcée par les textes, bien que la portée de ces dispositifs soit contrebalancée par des critères relativement sophistiqués. Ils ne permettent pas de retrouver une libre volonté communale, au regard des conditions d'application restrictives, et ce, en dépit de dispositifs qui, à première vue laissent sous-entendre son retour dans l'organisation du bloc communal. L'État opère des aménagements pour rehausser la commune, mais ne souhaite pas conférer une totale liberté aux communes dans l'organisation intercommunale, comme le démontre la complexité apparente des dispositifs adoptés, ils en constituent un frein. Pourtant, une différenciation des relations entre les communes et son intercommunalité est présente lorsqu'ils sont mis en œuvre.

B/ L'affirmation d'une différenciation des relations entre la commune et son intercommunalité

Les correctifs apportés par le législateur aboutissent à l'affirmation d'une différenciation des relations entre les communes et leur intercommunalité. L'intercommunalité n'a jamais été conçue dès le départ comme une et indivisible, au regard des quatre types de formules d'EPCI à FP, lesquelles ne présentent pas les mêmes caractéristiques pour mieux s'adapter au territoire. Ces différences statutaires tendent à s'amenuiser avec les récents textes grâce au rapprochement du régime juridique des communautés de communes, et d'agglomération, et par la création d'un clivage entre les intercommunalités rurales et urbaines. La différenciation tend à s'opérer aujourd'hui au sein de chaque intercommunalité, avec une répartition assouplie, plus fine des compétences, conformément à la volonté sénatoriale de développer une intercommunalité à la carte ou moins arbitraire. C'est-à-dire que chaque commune transférerait les compétences de son choix dans une démarche de liberté et de consentement mutuel. Il s'agit d'un exemple de territorialisation du droit, plus ou moins prononcée. Pratiquement tous les éléments vus précédemment procèdent à cette démarche de liberté dans l'organisation des rapports entre les communes et son EPCI tant sur la gouvernance que sur l'exercice des compétences.

Tout d'abord, sur le volet gouvernance, le législateur est quasiment muet sur le contenu des pactes de gouvernance. Il laisse une place forte aux élus pour le définir. Si le choix est fait d'en adopter un, les relations entretenues par les communes avec leur EPCI seront variables d'une structure à une autre. De la même façon, la volonté d'associer les maires aux décisions est tributaire de la volonté de l'exécutif intercommunal dans la composition du bureau communautaire d'une part, et de l'usage à défaut qui pourra être fait de la conférence des maires d'autre part.

Puis, sur l'exercice des compétences, le législateur a fait le choix d'injecter et de renforcer la liberté des communes au risque de porter atteinte à la lisibilité dans la répartition des compétences, notamment avec la possibilité offerte de transférer des compétences facultatives. En effet, la disposition législative la plus originale réside à l'article L. 5211-17-2 du CGCT. Elle prévoit « qu'une ou plusieurs communes membres d'un établissement public de coopération intercommunale à fiscalité propre peuvent transférer à ce dernier, en tout ou partie, certaines de leurs compétences dont le transfert n'est pas prévu par la loi » : elle ouvre la voie à un transfert des compétences à la carte, suivant la volonté de chaque commune, par le procédé des compétences facultatives. Initialement, l'article L. 5211-17 visait toutes les communes par une généralisation du transfert et non pas une partie d'entre elles. Alors qu'avant toutes les communes devaient la transférer dès lors que les conditions étaient requises, maintenant seulement celles souhaitant céder la compétence en perdent l'exercice. La mesure est favorable aux communes, même si elle vient créer une brèche dans l'intercommunalité de projet par la création « d'une concurrence sur le territoire, alors même que la pertinence d'une prise de compétence au niveau intercommunal se trouve dans la proposition d'une offre de services cohérente et solidaire sur le périmètre de l'EPCI »[308]. Au sein de l'EPCI, une ou plusieurs communes pourraient constituer un îlot pour l'exercice d'une

[308] M. Letanoux, « Quelle intercommunalité après la loi 3DS ?», AJCT 2022, p. 244

attribution. Cette disposition a été adoptée par voie d'amendement contre l'avis du gouvernement. La logique est la même quant à la procédure de restitution des compétences facultatives : elle a lieu en fonction de la volonté de « chacune de ses communes membres »[309], mais subordonnée à la traditionnelle condition de majorité qualifiée, limitant sa portée. Lors des débats, de nombreux parlementaires prônaient la fin des compétences obligatoires. La commission mixte paritaire n'a pas retenu cette vision, elle a sauvegardé les acquis de l'intercommunalité de projet. Si elle avait été adoptée, elle aurait indéniablement renforcé la différenciation des relations dans le bloc communal et rehaussé la place de la commune par un affaiblissement de l'EPCI à FP. Malgré tout, les compétences facultatives viennent ouvrir une brèche.

Cette différenciation offerte par une plus grande souplesse dans l'exercice des compétences met à mal la logique de l'intercommunalité telle que conçue depuis la loi ATR en laissant le choix des transferts et restitution des compétences facultatives aux mains des communes. Elles sont placées avec cette méthode en position de force en leur conférant une part d'opportunité pour l'opérer. Le risque avec ce genre de disposition est de considérer l'intercommunalité comme une structure de délaissement des attributions communales sans réel projet de territoire.
La volonté de rétablir la place de la commune au prix d'une différenciation peut être la bienvenue, après des années de politiques publiques menées à son encontre. Malgré tout, elle contribue pour le citoyen à accroître le caractère

[309] CGCT, art. L. 5211-17-2

illisible du millefeuille territorial. La stratégie des pouvoirs publics est difficile à cerner. L'action du bloc communal risquerait d'en sortir affaiblie et la comparaison de l'action entre EPCI quasiment impossible. La relation entre chaque commune et son EPCI à FP tend à devenir singulière. Une territorialisation du droit s'opère afin de s'adapter aux réalités locales, mais surtout aux aspirations communales lesquelles peuvent être guidées par des considérations politiques plus que par la raison.
Cette complexification rompt avec la volonté de simplification et de rationalisation de l'organisation territoriale telle qu'opérée avec les périmètres intercommunaux. L'éclatement et l'illisibilité sont peut-être les caractéristiques du bloc communal, la conséquence des interventions législatives actuelles visant à valoriser une majorité de communes inadaptées à notre société, alors même que l'intercommunalité devait y mettre un terme. L'absorption de la commune semble peu probable au regard de cette revalorisation, puisqu'elle est maintenue en vie en son sein, sans anéantir intégralement les acquis de l'intercommunalité de projet. Il s'agit simplement d'atténuer les critiques les plus criantes par des instruments dénués de réelle portée. Les pouvoirs publics s'évertuent à maintenir un équilibre à l'intérieur du bloc communal. La coexistence, voire même la cohabitation entre les deux entités, est renforcée par des procédures complexes pour atténuer les critiques sans les faire disparaître. Toutefois, au regard de la difficulté dans la mise en œuvre de ces mécanismes de revitalisation, la commune nouvelle pourrait apparaître comme la véritable réponse à l'intercommunalité rationalisée par la création d'une nouvelle et véritable relation équilibrée au sein du bloc communal, grâce au renouveau de la politique de fusion de communes.

Chapitre 2 : Le renouveau de la politique de fusion de communes

Avec le développement de l'intercommunalité de projet censée être la réponse à l'impossible réforme de la carte communale, on aurait pu croire à la fin de la politique de fusion de communes tombée d'elle-même en désuétude. Or, elle a fait son retour en grâce à la relance opérée dans les années 2010 par l'intervention de nombreuses lois et surtout avec la création d'un cadre incitatif de mise en œuvre : terminée la commune fusionnée, place dorénavant à la « commune nouvelle ». L'intercommunalité rationalisée et consolidée va contribuer au renouveau de cette politique au regard de la création de vastes ensembles, ne correspondant pas majoritairement à la notion de bassin de vie, et des transferts accrus d'attributions. La couverture du territoire en EPCI à FP a conduit à marginaliser la commune, notamment les très petites, dont la survie peut être purement nominale. Elles se trouvent placées dans une période charnière quant à leur destinée, nécessitant une réflexion de leur part sur un éventuel rapprochement entre elles : s'unir pour se renforcer ou s'effacer progressivement au sein du bloc communal, avec une absorption par l'EPCI à FP.

Le débat relatif au choix entre l'une des deux entités du bloc communal semble être dépassé. L'opposition n'a plus lieu d'être. Il est temps d'insister sur la complémentarité entre les deux structures, dès lors que l'intercommunalité a transformé la place de la commune par sa marginalisation, tout en maintenant la coexistence des deux structures. Cette relégation de la commune a été une prise de conscience pour de nombreuses communes. Elles se sont regroupées pour se renforcer grâce à la mise en place d'un cadre juridique respectueux du pluralisme communal (section 1). Le développement de la commune nouvelle peut aboutir à parachever l'organisation du bloc communal, par un rééquilibrage des relations en son sein favorable à la commune (section 2).

Section 1 : La commune nouvelle : une structure respectueuse du pluralisme communal

Le point de départ de la relance de la politique des fusions de communes apparaît avec la loi RCT de 2010. De nombreux textes sont intervenus ultérieurement pour rendre le système attractif. La méthode choisie est la même par rapport à celle employée par la loi Marcellin : la liberté communale à s'associer, avec toutefois, l'apparition de quelques nouveautés. L'État a créé un cadre juridique modernisé. Il fait « souffler un vent de liberté, qui autorise un véritable jeu des possibles »[310]. En effet, de nombreuses possibilités sont offertes aux communes quant au fonctionnement et aux configurations territoriales choisies. Ainsi, la création d'une commune nouvelle repose toujours sur un caractère volontaire (paragraphe 1), avec une structure garante de l'identité locale (paragraphe 2).

Paragraphe 1 : Le caractère volontaire de la création d'une commune nouvelle

La philosophie libérale prime dans le nouveau dispositif de relance, le consentement des communes est essentiel. Le législateur a repris quasiment les mêmes éléments pour réengager une réforme de la carte communale. En ce sens, il s'agit d'une tentative classique (A), même si la principale nouveauté est issue de la création d'une conjoncture favorable au regroupement communal (B).

---

[310] V. Aubelle, *Les communes nouvelles*, Berger Levrault, p. 11

A/ Une tentative de réforme classique de la carte communale

À partir des années 2010, de nombreux textes sont intervenus pour réformer à nouveau cette carte communale. On rencontre deux types de textes, lesquels posent le cadre de la commune nouvelle ou viennent perfectionner le dispositif.

La loi RCT vient poser les bases de la relance de ce dispositif, elle est le point de départ de ce qu'il convient dorénavant de nommer « la commune nouvelle ». Le rapport Balladur préconisait déjà, en lien avec l'achèvement de la carte intercommunale, une nécessaire diminution du nombre de communes pour réaliser des économies d'échelle. La logique financière dominait avant tout. Ce texte ne rencontre pas le succès en la matière, son bilan est quasiment inexistant. Par conséquent, une nouvelle dynamique est à créer dans ce domaine.
Le législateur prend acte de cette situation et intervient en 2015 avec la proposition de loi dite Pélissard, relative à l'amélioration du régime de la commune nouvelle[311], avec pour objectif de « consolider, d'améliorer et de rendre plus attractif le dispositif de commune nouvelle dans un contexte de nécessaire optimisation de notre organisation territoriale », selon l'exposé des motifs. Avec une adoption transpartisane, elle constitue véritablement le point d'orgue de la relance de la commune nouvelle par son contenu institutionnel et ses incitations financières ; un vrai succès quantitatif en comparaison avec la loi Marcellin.

---

[311] Loi n° 2015-292 du 16 mars 2015 *relative à l'amélioration du régime de la commune nouvelle, pour des communes fortes et vivantes*

Puis, ponctuellement et périodiquement, quelques textes sont intervenus pour perfectionner, enrichir le système, afin de faciliter et encourager la réduction du nombre de communes, par l'intermédiaire des lois de finances ou avec un texte spécialement consacré à cet objet. À cet égard, la loi Gatel visant à adapter l'organisation des communes nouvelles à la diversité des territoires[312] confère plus de souplesse dans ce dispositif pour « conforter et faciliter la création de communes nouvelles »[313]. Une myriade de textes a été adoptée en l'espace d'une décennie, témoignant du « caractère sensible du sujet »[314] et de la volonté de parfaire notre organisation territoriale, sans pour autant sombrer dans l'autoritarisme, comme ce fut le cas pour réduire la carte intercommunale et régionale dans la même période, par une liberté laissée aux élus municipaux.

Suite à ces réformes de la dernière décennie, l'initiative de création d'une commune nouvelle est similaire à celle connue dans les années 1970, malgré un élargissement des possibilités. L'article L. 2113-2 du CGCT prévoit quatre cas avec la possibilité de les regrouper en trois hypothèses.
La première initiative correspond à l'état du droit appliqué jusqu'alors. Elle provient de « tous les conseils municipaux » par une demande unanime.
La seconde confère un pouvoir d'initiative au préfet, lequel ne peut prononcer la fusion qu'après l'organisation d'une consultation des électeurs.

---

[312] Loi n° 2019-809 du 1er août 2019 *visant à adapter l'organisation des communes nouvelles à la diversité des territoires*

[313] M. Verpeaux, « Une nouvelle loi pour les communes nouvelles », AJDA 2019, p. 2613

[314] F. Sempé, « Le choix du nom d'une commune nouvelle revient toujours au préfet », AJDA 2022, p. 2478

Enfin, la dernière est la plus novatrice. On peut y voir la finalité de l'intercommunalité, puisqu'il s'agit de la création d'une commune nouvelle à partir d'un EPCI. Telle était l'idée sous-jacente lors de la mise en place de ce palliatif à l'émiettement « en considérant la nouvelle échelle des « relations locales » que sont les communautés, [deviennent] la base de la refondation de la commune nouvelle »[315]. Les modalités sont les suivantes : « Soit par les deux tiers au moins des conseils municipaux des communes membres d'un même EPCI à fiscalité propre représentant plus des deux tiers de la population de celui-ci ; soit par l'organe délibérant de l'EPCI à fiscalité propre en vue de la création d'une commune nouvelle en lieu et place de toutes ses communes membres ».

Avec ce nouveau régime juridique, la volonté pour initier la création d'une commune nouvelle est partagée par de nombreux acteurs locaux. En dépit de l'élargissement de l'initiative, les communes dans les deux dernières hypothèses se doivent d'être consultées, leur accord demeure indispensable. Il convient de noter que dans le cas d'une proposition préfectorale ou de transformation d'un EPCI, les électeurs des communes sont systématiquement consultés (article L. 2113-3 du CGCT). Le caractère libéral de la création est renforcé par l'exigence de ce double consentement, lequel permet d'éviter qu'une commune soit fusionnée malgré elle, au regard de la majorité qualifiée exigée pour les trois cas si la demande n'émane pas d'elle. L'État ne peut imposer une fusion, le préfet se contente essentiellement de proposer et vient par arrêté préfectoral prononcer la création de la commune nouvelle, comme vu précédemment. Pour Bertrand Faure, cette procédure «

---

[315] G. Marcou, « L'Etat et les collectivités territoriales : où va la décentralisation ?», AJDA 2013, p. 1556

incite au scepticisme touchant à l'aptitude à apporter à la cause d'une réduction significative du nombre de communes françaises, des résultats considérables »[316], tandis que Vincent Aubelle appelle à aligner la procédure de création des communes nouvelles sur celle des EPCI à FP[317].

Un constat renforcé par la possibilité offerte en son temps par la jurisprudence de défusionner, avec l'arrêt Brulez[318]. Cette jurisprudence illustre le corollaire du caractère non contraignant de notre système. Actuellement, les textes sont muets sur ce point, la défusion repose sur la procédure complexe et sophistiquée de modification des limites territoriales d'une collectivité territoriale, érigée à l'article L. 2112-2 du CGCT. Elle peut constituer un frein au divorce des communes fusionnées, même si quelques cas de scission sont à répertorier. Dans un arrêt rendu le 10 octobre 2013, Mme B, la CAA de Nancy[319] amène quelques précisions et consacre un rôle au préfet pour préserver les acquis des politiques de rationalisation de la carte communale. En effet, le préfet est doté dans cette situation d'un « pouvoir discrétionnaire »[320] dans le cadre du retour à l'autonomie. Elle ne serait pas de droit, il s'agit simplement d'une possibilité offerte. Il ne peut s'y opposer que si la décision porte atteinte au principe de continuité territoriale et il peut s'interroger sur la pertinence d'une défusion : un pouvoir d'opportunité pour le préfet est reconnu. Le juge

[316] B. Faure, *Droit des collectivités territoriales*, op. cit., p. 52

[317] V. Aubelle, « La commune nouvelle, repenser l'intercommunalité », AJCT 2014, p.520

[318] CE, 22 mai 1981, Brulez et a, n°21691

[319] CAA Nancy, 10 octobre 2013, Mme B, n°3NC00108

[320] P. Combeau, « Un préfet peut s'opposer à une défusion de communes malgré le succès de la consultation des électeurs », AJDA, 2014, p. 348

administratif permet d'orienter l'action des préfets par la création d'un « nouveau guide de l'action préfectorale »[321] dans le cadre du retour à l'autonomie. Ces motifs permettent au représentant de l'État de ne pas donner suite à une demande de retour à une situation antérieure, alors même que la population consultée était en faveur du retour à l'autonomie. Cette décision, en consacrant un pouvoir d'appréciation, permet de limiter et d'encadrer les demandes de défusion pour en sauvegarder les acquis. Jusqu'à présent, l'État était dans une position d'accompagnement, de proposition, rarement à l'encontre des volontés communales.

À ce titre, en matière de dénomination de la commune nouvelle, les communes ne peuvent placer le préfet en situation de compétence liée, en raison de l'importance du nom, un élément d'identification relativement sensible. Ainsi, la jurisprudence a reconnu qu'il « appartient au représentant de l'État dans le département de déterminer le nom d'une commune nouvelle, aussi bien en l'absence d'accord des conseils municipaux sur ce point qu'en présence de délibérations concordantes » [322] . Cet éclaircissement est bienvenu, puisque la procédure décrite par le CGCT manque de clarté[323]. Pour Françoise Sempé « l'appréciation de l'intérêt général justifie qu'il puisse s'opposer au choix d'un nom inapproprié ou peu respectueux des règles de graphie, donc du pouvoir discrétionnaire consacré »[324]. À la lecture de ces derniers exemples jurisprudentiels, l'État n'est jamais absent de l'organisation territoriale, il essaie de l'orienter, de la

[321] Ibid

[322] CE, 7 juillet 2022, n°460445

[323] CGCT, art. L 2113-6

[324] F. Sempé, « Le choix du nom d'une commune nouvelle revient au préfet », op. cit.

maîtriser. La liberté consacrée pour la restructuration de la carte communale gage de la relance n'est pas absolue. Dans les faits, elle est aménagée, orientée, par la création d'une conjoncture favorable pour inciter au regroupement communal.

B/ Une conjoncture favorable à la création de commune nouvelle

Avec le perfectionnement et l'élargissement des initiatives, l'État a souhaité initier une véritable relance du dispositif, laquelle est à mettre en perspective avec la conjoncture favorable à cette réforme. D'un point de vue symbolique, la sémantique est importante. Le changement de dénomination de cette politique permet de créer un sentiment positif, elle « évoque davantage l'avenir que la disparition des structures regroupées »[325]. En son temps, le rapport Guichard mentionnait déjà cette appellation. Elle est présentée comme moins anxiogène, une fusion évoque la disparition, à laquelle les français et surtout les élus locaux sont réticents. Une nouvelle appellation était la bienvenue. À noter que la personnalité de Monsieur Pélissard a joué un rôle prépondérant dans la relance du dispositif, en raison de sa qualité d'ancien président de l'AMF dont on connaît la force d'influence de cette association pouvant s'apparenter à du lobbying. Lors de son congrès annuel en 2013, l'AMF a adhéré à la relance de la commune nouvelle. Au-delà de ces considérations introductives, néanmoins importantes, Michel Verpeaux identifie surtout deux éléments déterminants pour justifier

[325] M. Le Roux, « La loi du 16 mars 2015 ; un second souffle pour les communes nouvelles », AJDA, 2015, p. 1266

ce regain d'intérêt : le contexte financier et la rationalisation des intercommunalités[326].

Tout d'abord, le cadre financier dans lequel évoluaient les collectivités territoriales dans les années 2010 se caractérisait par une baisse des concours financiers de l'État, afin de les associer à l'effort de redressement des comptes publics. En 2014, une baisse de 1,5 milliard d'euros et une perte cumulée de DGF de 11,2 milliards d'euros entre 2014 et 2017 [327] . En conséquence, les collectivités territoriales ont dû réduire leurs dépenses d'investissements (à hauteur de 11 %), en raison des difficultés à réduire les dépenses de fonctionnements, lesquelles présentent un caractère incompressible et récurrent. Face à cette situation, le regroupement est vu comme l'une des solutions pour continuer à posséder une réelle capacité d'investissement. Le législateur conscient de cette situation va utiliser ce contexte de baisse des concours financiers pour inciter les communes à fusionner, par la création d'un « pacte de stabilité financière » dans la loi de finances pour 2014. L'article 107 de la loi de finances pour 2014 [328] vient suspendre la baisse des dotations prévues pour les communes qui décident de fusionner pour une durée de trois ans, en ciblant les communes nouvelles inférieures à 10.000 habitants. Tandis que la loi Pélissard est très offensive avec une forte incitation financière et une cible particulière : « les communes nouvelles créées au plus tard le 1er janvier 2016 et regroupant une population comprise entre 1.000 et 10.000 habitants bénéficient, en outre, d'une

---

[326] M. Verpeaux, « Du nouveaux pour les communes nouvelles ? », AJCT 2023, p. 189

[327] Rapport Cour des comptes 2017, analyse baisse des dotations de 2014 à 2017

[328] Loi n° 2013-1278 du 29 décembre 2013 de finances pour 2014

majoration de 5 % de leur dotation forfaitaire calculée dès la première année dans les conditions prévues aux I et II du présent article ». La bonification est valable les trois premières années. L'État, pour accompagner cette réorganisation, a adressé une circulaire aux préfets rendant éligible de droit la commune nouvelle à la DETR pendant trois ans si l'une des anciennes communes pouvait en bénéficier. L'outil financier, par la création d'une entorse à la rigueur budgétaire, est une réelle explication à l'engouement constaté pour la commune nouvelle dans une période extrêmement courte.

Et puis, le second facteur d'accélération est « l'intercommunalité forcée » caractéristique de cette période. En effet, l'achèvement et surtout la rationalisation des structures intercommunales par la création de grands ensembles, avec un seuil minimal à 15.000 habitants, affaiblit indéniablement les petites et moyennes communes, conjuguée à l'accroissement des transferts de compétences, et à la représentation proportionnelle. La commune nouvelle est une solution pour limiter la dilution des communes dans ces vastes ensembles afin de conserver un réel pouvoir d'influence. Elle incarne une forme de revalorisation de la commune dans son intercommunalité que nous aborderons ultérieurement. À ce propos, l'inspection générale de l'administration établit un lien dans un récent rapport entre commune nouvelle et EPCI à FP. Selon elle, le rythme de création des communes nouvelles est lié à la recomposition de l'intercommunalité : les deux vont de pair[329].

[329] Rapport IGA, 2022, op. cit.

Avec ce nouveau cadre juridique, la liberté des communes demeure tout en étant réellement incitée par cette conjoncture. L'État semble avoir trouvé la parade pour encourager le développement des communes nouvelles, grâce à une liberté altérée par le contexte financier et la dilution des communes au sein des EPCI à FP. Cependant, la fusion comme tout mariage doit reposer sur un consentement, une volonté réelle de s'associer pour constituer la commune nouvelle. Or, ce cadre financier attractif ne devait pas obérer un projet commun et cacher un vice du consentement pour rechercher uniquement l'effet d'aubaine induit.

Sans ces éléments, il est peu probable d'obtenir le bilan escompté. En effet, à partir de 2015, on observe un résultat encourageant en comparaison avec la loi de 1971, puisque 2.553 communes ont fusionné pour 795 communes nouvelles, représentant 2,5 millions d'habitants contre 1.068 suppressions sous l'égide de la loi Marcellin[330]. Sous l'empire de la loi de 2010 le bilan est inexistant, seules quatre créations sont recensées : un échec principalement lié à un cadre financier lacunaire. Puis, avec la loi Pélissard une réduction du nombre de communes est engagée rapidement, avant de stagner depuis le dernier renouvellement des assemblées délibérantes, en 2020. C'est un succès à relativiser, il s'agit avant tout d'une diminution à la marge, car en dépit d'une réduction significative en peu de temps, elle n'opère pas de bouleversement de la carte communale, les singularités de notre organisation communale demeurent. Le résultat est globalement décevant avec des disparités géographiques. Le nord et l'ouest de la France sont plus enclins à ce processus, que le

---

[330] Rapport Cour des comptes, « 40 ans de décentralisation », 2023, op. cit.

sud de la France. Par exemple, aucune fusion n'a été recensée en Lot-et-Garonne. Michel Verpeaux justifie principalement ce décalage par la religion : elle crée un « contexte favorable à la solidarité dont les racines se trouvent dans la culture religieuse prégnante dans ces territoires »[331]. Il s'agit majoritairement de fusions de deux ou plusieurs petites communes, sans recherche d'un périmètre cohérent. Les exemples sont hétérogènes, rares sont les villes supérieures à 5000 habitants issues de communes nouvelles[332], Annecy est un cas d'école à ce titre (130.000 habitants). Pourtant, le seuil minimal de 1.000 habitants requis pour bénéficier de la majoration de DGF était présent pour atténuer ce risque de fusion opportuniste, sans réelle réflexion sur une taille critique, minimale à atteindre. La recherche d'un cadre cohérent est une exigence minimale pour tenter de rationaliser la carte communale, afin d'éviter des fusions qui n'auraient aucun impact sur l'objectif recherché : « il constitue une avancée importante : ceci permet de reconnaître que la commune nouvelle doit s'écarter d'une reproduction de l'émiettement, fût-il à une échelle supérieure »[333]. Même si pour une partie de la doctrine un seuil minimal de 3.500 ou 5.000 serait plus pertinent, comme peuvent le préconiser Jean-François Lachaume ou Vincent Aubelle. La Cour des comptes, dans son rapport sur les 40 ans de décentralisation, souligne l'effort effectué depuis ces quelques années et appelle à accentuer ce mouvement par la réitération d'un cadre financier incitatif, lequel fait véritablement office de

[331] M. Verpeaux, « Du nouveaux pour les communes nouvelles ? », op. cit.

[332] 15% des communes nouvelles sont supérieures à 5000 habitants, DGCL – Les collectivités locales et leur population - 2022

[333] V. Aubelle, « La commune nouvelle, repenser l'intercommunalité », AJCT 2014, p. 520

moteur. Cette liberté communale est en réalité orientée par le législateur. Cette conjoncture favorable à la création de commune nouvelle est aussi liée au contour institutionnel qu'emprunte la commune nouvelle : elle est, en effet, la gardienne des identités locales.

Paragraphe 2 : La commune nouvelle gardienne des identités locales

Pour inciter au regroupement, le contexte financier et le développement de l'intercommunalité ne forment pas les seuls éléments déterminants. Le cadre juridique institutionnel offert par la souplesse conférée dans l'organisation de la commune nouvelle est fondamental pour comprendre ce regain d'intérêt. Elle apparaît gardienne des identités communales grâce à une organisation aménagée de la commune nouvelle, laquelle préserve les spécificités de chaque commune fusionnée (A), en dépit d'une complexité des dispositifs de sauvegarde de l'identité communale (B).

A/ L'organisation aménagée de la commune nouvelle

Une commune nouvelle est avant tout une fusion de communes entraînant la disparition d'anciennes communes. Pour atténuer les effets de cet acte, le législateur lui a conféré un caractère « modulable »[334], c'est-à-dire que les élus locaux ont le choix entre deux possibilités sur la forme à emprunter. Cette possibilité essaie de tenir compte des réticences des communes à fusionner, pour les atténuer par une sauvegarde partielle et une capacité d'influence au sein

[334] B. Faure, *Droit des collectivités territoriales*, op. cit., p.57

de la nouvelle commune. Avec cette politique, la commune devient plurale dans son organisation. En effet, lors de l'engagement de la procédure, les conseils municipaux peuvent choisir la disparition des anciennes entités au profit d'une nouvelle. Il s'agit d'une fusion sèche, c'est-à-dire que la commune nouvellement créée cause la disparition totale des anciennes communes, par disparition de toutes les personnes morales au profit d'une nouvelle (y compris des anciens périmètres).

Ou alors, ils peuvent opter pour la commune déléguée, anciennement dénommée commune associée, sous l'empire de la loi Marcellin. Une formule permettant la survie partielle des anciennes communes, car elles reprennent « le nom et les limites territoriales de l'ensemble des anciennes communes dont la commune nouvelle est issue sont instituées au sein de celle-ci » (article L. 2113- 10 du CGCT). Par la préservation de l'identité communale des communes fusionnées, elle vient atténuer les effets de la fusion, malgré l'existence de la commune nouvelle qui les englobe et la perte de la personnalité morale. Bertrand Faure et Michel Verpeaux résument parfaitement ce cas de figure : « la commune déléguée perd sa personnalité juridique, mais sa façade communale est préservée »[335], par « le maintien des symboles de la vie municipale qui sont amenés à disparaître dans le cadre de la fusion »[336]. Elle fait office de modèle de droit commun de la commune nouvelle. En effet, selon l'article L. 2113-10 du CGCT sa création est automatique, sauf « lorsque les délibérations concordantes des conseils municipaux ont exclu leur création », c'est-à-dire dans les conditions applicables à la création de la

[335] Ibid, p.57

[336] M. Verpeaux, « Une nouvelle loi pour les communes nouvelles », AJDA 2019

commune nouvelle. Une évolution issue de la loi de 2015 censée favoriser la création de commune nouvelle, puisque les identités locales sont préservées par ce mariage avec la sauvegarde des anciens périmètres.

Concrètement, cette survie partielle se manifeste de deux manières, par des organes et compétences propres. Le régime juridique et le fonctionnement sont décrits aux articles L. 2113-11 et s. Avec ce système, l'ancienne commune acquiert un « poids politique »[337] au sein de la commune nouvelle. Sur le premier aspect, elle permet à l'ancienne commune de bénéficier d'un maire délégué choisi par le conseil municipal et de l'instauration d'une mairie annexe.

Cette dernière est en charge de nombreuses compétences comme l'établissement des actes d'état civil. Il est également possible d'instituer un conseil de la commune déléguée doté d'un rôle consultatif (sur les projets concernant son territoire), voire délibératif par délégation du conseil municipal de la commune nouvelle, notamment sur les compétences de proximité, par renvoi aux dispositions applicables aux trois plus grandes villes de France, selon l'article L. 2113-27 du CGCT.

Quant au maire délégué, il est automatiquement adjoint de la commune nouvelle, avec respect de l'ordre du tableau : le lien avec cette dernière est renforcé. Il exerce sur l'ancien périmètre « les fonctions d'officier d'état civil et d'officier de police judiciaire. Il peut être chargé dans la commune déléguée de l'exécution des lois et règlements de police et recevoir du maire les délégations prévues aux articles L. 2122-18 à L. 2122-20 », d'après l'article L. 2113-13 du

---

[337] JG Sorbara, « Les communes nouvelles (loi du 1er août 2019) », RFDA, 2020, p. 1

CGCT. À ce titre, il possède des pouvoirs propres et il est susceptible de bénéficier de prérogatives élargies, même si ce dernier est tributaire de la volonté du maire de la commune nouvelle par la délégation. De plus, un pouvoir consultatif lui est reconnu en matière d'urbanisme et sur ce sujet sensible les règles d'urbanisme des anciennes communes continuaient de s'appliquer temporairement, jusqu'à l'élaboration d'un nouveau plan local d'urbanisme, une disposition qui a été abrogée. Les communes déléguées ressortent renforcées par la loi Gatel, par l'intermédiaire du maire délégué. Ce dernier peut cumuler les fonctions de maire délégué et de la commune nouvelle, puis lui est reconnu un pouvoir de blocage sur l'évolution de l'organisation administrative.
En réalité, on pourrait y voir une imitation du modèle dit « PLM » sans le sectionnement électoral, car le conseil municipal de la commune nouvelle est élu sur l'intégralité de son périmètre.

Une fois instituées, leur disparition paraît délicate. Par exemple, la suppression d'une mairie annexe ne peut être « prise après accord du maire délégué et, lorsqu'il existe, du conseil de la commune déléguée », d'après l'article L. 2113-11-1 du CGCT, ou encore la suppression d'une commune déléguée est subordonnée à l'accord du maire de la commune déléguée (article L 2113-10, alinéa 4 du CGCT). Des garanties sont apportées par les parlementaires pour préserver ce système garant de la sauvegarde des anciennes communes.

Ainsi, le législateur a su créer un cadre soucieux de préserver l'identité et l'influence des anciennes communes au sein de la commune nouvelle pour limiter les effets de la fusion. Ce cadre juridique attractif est favorable au développement des fusions, afin de corriger l'anomalie de notre organisation communale. Elle illustre l'imagination des pouvoirs publics pour tenter de rationaliser la carte communale. Cette différenciation de l'organisation communale vient répondre de manière « pragmatique aux deux principales difficultés qui menacent le bloc communal : le déficit démocratique et les incertitudes financières »[338]. La commune nouvelle est censée y répondre par son organisation malléable, même si les élus peuvent y mettre fin dans des conditions relativement strictes[339] démontrant une volonté de conserver ce nouveau système. Cependant, cet aménagement se voulant incitatif a un prix, celui de la complexité dans son fonctionnement.

B/ La complexité du fonctionnement de la commune nouvelle

Derrière l'objectif louable de sauvegarde de l'identité communale par la survie partielle des anciennes circonscriptions communales, il peut se cacher une réelle complexité dans son fonctionnement, lequel possède des particularités organisationnelles assez sophistiquées. De nombreux instruments existent pour favoriser la liaison entre les anciennes communes et la nouvelle.
Le choix de la commune déléguée nécessite la mise en œuvre d'instruments supplémentaires, notamment pour coordonner l'action municipale. Par exemple, l'article L. 2113-12-1 du CGCT consacre l'existence d'une « conférence du maire et des maires délégués ». Cette survie peut être perçue comme une source de difficulté pour faire émerger un projet de commune nouvelle, puisqu'il est

338 M. Le Roux, op. cit.
339 En ce sens la procédure de défusion, relativement complexe.

probable que cette conférence permette à chaque maire délégué de défendre la vision du territoire dont il a la charge au sein de la commune nouvelle. Il contribue donc à « accentuer l'influence des anciennes communes fusionnées sur la nouvelle »[340] et à rendre difficile l'émancipation de la commune nouvelle. Cette dernière pourrait être subordonnée à la volonté des communes absorbées.
En 2019, les parlementaires ont admis une possibilité de supprimer partiellement les communes déléguées et non l'ensemble, d'après l'article L. 2113-10 du CGCT. La disposition accentue l'illisibilité du système. De plus, l'ancienne commune n'est dotée en principe d'aucune compétence propre (sous réserve des délégations du conseil municipal de la commune nouvelle), ni d'un réel pouvoir décisionnel (seulement d'un maire délégué, avec quelques prérogatives). La survie est essentiellement formelle, elle vise à incarner une proximité et à favoriser la fusion par une conservation du préexistant. La valorisation de la commune déléguée peut aboutir pour le citoyen à une complexification de la compréhension de l'organisation territoriale et du fonctionnement du bloc communal, déjà peu clair.

La composition de l'assemblée délibérante de la commune nouvelle est l'illustration parfaite de la complexité pour favoriser l'acceptation de la fusion. En effet, la constitution du conseil municipal, seul et unique organe délibératif de la commune nouvelle est relativement complexe. Ce sujet est éminemment sensible, car il procède inévitablement à la réduction du nombre d'élus municipaux et à la perte d'influence des anciennes communes. Toute

---

340 JG Sorbara, « Les communes nouvelles (loi du 1er août 2019) », RFDA, 2020, p. 1

l'ambivalence du système se retrouve ici. On cherche à préserver l'identité des anciennes communes tout en superposant la commune nouvelle par un conseil municipal censé la représenter. Un décalage peut se faire ressentir auprès des élus locaux. Pour permettre une transition en douceur, le législateur est venu aménager les modalités de composition du conseil municipal. Dès lors que la commune est créée, le nombre de sièges est immédiatement équivalent à la strate de population correspondante, selon l'article L. 2121-2 du CGCT. Par conséquent, une réduction abrupte du nombre d'élus s'opère. Les lois Pélissard puis Gatel sont venues aménager le régime, pour adoucir les effets de la mise en place du droit commun. La réduction sèche du nombre d'élus n'a pas lieu grâce à un lissage dans le temps. En effet, plusieurs phases sont prévues dans le cadre de ce régime transitoire pour éviter la disparition de la représentation de certaines communes dans l'organe délibératif.

La première débute lors de la fusion des communes jusqu'au prochain renouvellement du conseil municipal, d'après l'article L. 2113-7 du CGCT. Deux possibilités s'offrent aux communes sur sa composition. Il peut être constitué soit « de l'ensemble des membres en exercice des conseils municipaux des anciennes communes », avec à la clé des situations ubuesques, puisque des petites communes peuvent avoir un conseil municipal démesuré[341]. Ou, « à défaut, des maires, des adjoints, ainsi que de conseillers municipaux des anciennes communes » en application

[341] Par exemple, Valromey-sur-Séran (01), comportait 43 conseillers municipaux pour 1 311 habitants, soit autant qu'une grande ville, en application des critères de composition de l'assemblée délibérante municipale, selon l'article L 2121- 22 du CGCT

d'une représentation proportionnelle, dans la limite de soixante-neuf membres.
La deuxième période a lieu entre le premier et le second renouvellement (article L. 2113-8 du CGCT). L'effectif est censé correspondre au nombre de membres équivalent à la strate démographique supérieure à la commune nouvelle. La loi Gatel intervient pour amender ce dispositif datant de 2015, en accentuant le lissage : « Ce nombre ne peut être inférieur au tiers de l'addition des conseillers municipaux élus lors du précédent renouvellement général des conseils municipaux, [...] Il ne peut également être supérieur à soixante-neuf ». Ces aménagements de la composition du conseil municipal viennent « créer une inégalité des modes de représentation entre les communes nouvelles et les communes de droit commun »[342]. La composition de l'assemblée délibérante peut être différente entre communes appartenant à la même strate, le temps de ce régime transitoire étant relativement long. À titre d'exemple, si une commune décide de fusionner aujourd'hui, le régime de droit commun ne s'appliquera qu'en 2032.

Alors que la composition du conseil municipal aboutit à un détachement très progressif du lien avec les anciennes communes, la représentation de la commune nouvelle dans l'EPCI à FP n'obéit pas à la même logique. En effet, le nombre d'élus communautaires ne peut être inférieur à ceux détenus précédemment. Il est attribué « un nombre de sièges égal à la somme des sièges détenus précédemment par chacune des communes concernées », selon l'article L. 5211-6-2 du CGCT. Le régime est transitoire car il est valable jusqu'aux prochaines élections municipales et communautaires. La mesure est en faveur

[342] JG. Sorbara, op. cit.

des communes, même si le poids démographique ne le justifie pas[343]. Ce nombre de sièges identique ne garantit pas l'origine des élus communautaires par leur appartenance à leur ancienne commune. Ils sont issus de la commune nouvelle car le législateur « n'a prévu aucune règle relative à la constitution des listes ou au mode de scrutin imposant que chacune des anciennes communes soit représentée par un conseiller communautaire au sein de l'établissement public de coopération intercommunale »[344]. Les élus communautaires peuvent tous être issus d'une ancienne commune en raison de leur qualité de délégué de la commune nouvelle et non des anciennes communes, malgré le nombre de sièges identiques attribués à celui avant la fusion. Le juge administratif ne voit pas d'obstacle à l'absence de représentant communautaire d'une ancienne commune. Un décalage peut avoir lieu entre le souhait des élus et les textes, la jurisprudence est venue apporter un éclaircissement. Sans doute que la pratique permettra-t-elle de faire perdurer le lien par une répartition amiable des sièges, charge aux élus d'élaborer un subtil équilibre. Ce système permet aux communes de renforcer leur place dans l'intercommunalité. La commune nouvelle est donc l'un des moyens pour les communes d'accentuer leur influence face à l'EPCI à FP. Elle peut conduire à l'instauration d'une nouvelle relation entre la commune et l'intercommunalité, un idéal à atteindre par un rééquilibrage des relations en son sein. En ce sens, elle pourrait parachever l'organisation du bloc communal.

---

[343] Selon les règles en vigueur depuis la décision commune de Salbris

[344] CE, 18 octobre 2017, *Commune nouvelle de Villeneuve en Perseigne*, n°410193

Section 2 : Le parachèvement de l'organisation du bloc communal par la commune nouvelle

Jusqu'à la véritable relance de la procédure de fusion de communes, c'est-à-dire en 2015 [345] et la loi dite « engagement et proximité » rehaussant la commune dans son EPCI à FP, aucun texte en leur faveur n'avait été adopté. Une stratégie de dépérissement progressif pouvait s'observer avec une absorption (souhaitée ou pas) au long terme par l'intercommunalité ou l'engagement d'une fusion pour survivre face à elle. Dès lors que le législateur choisit de remettre à l'ordre du jour cette procédure, un choix doit-il avoir lieu entre la survie de l'une des deux entités du bloc communal, ou un rééquilibrage doit-il s'opérer en son sein ? Le débat sur l'opposition entre les structures peut paraître dépassé.

Ainsi, la commune nouvelle apparaît aujourd'hui comme l'outil de parachèvement de l'organisation du bloc communal, car il permet d'élargir le débat au seul rattachement obligatoire à une intercommunalité grâce à deux solutions. Soit le maintien d'une dichotomie en son sein, par la persistance d'une l'intercommunalité rénovée (paragraphe 1), soit avec l'idéal de la commune-communauté, comme aboutissement des réformes du bloc communal par la création d'une entité unique. Elle constituerait la finalité initiale de la coopération intercommunale, même si elle ressort de l'utopie (paragraphe 2).

[345] Sous l'égide de la loi RCT, seulement 13 fusions de communes ont eu lieu

Paragraphe 1 : La persistance d'une intercommunalité rénovée par la commune nouvelle

La création d'une commune nouvelle ne met pas fin à la dualité du bloc communal. Au contraire, elle peut contribuer à rénover le fonctionnement du bloc communal. En effet, l'EPCI à FP ne disparait pas, puisque la commune nouvelle a l'obligation d'adhérer à une intercommunalité (A). Cependant, une nouvelle relation peut se créer entre les deux entités au profit de la commune (B).

A/ L'obligation d'adhésion de la commune nouvelle à une intercommunalité

La création d'une commune nouvelle ne vient pas éteindre l'obligation d'adhésion à une intercommunalité : le rattachement perdure. L'article L. 2113-5 du CGCT apporte des éclaircissements sur les effets des fusions de communes sur l'intercommunalité. Il vise trois hypothèses. Si la commune nouvelle est issue de communes limitrophes appartenant au même EPCI, alors elle est automatiquement membre de ce même EPCI. Toutefois, si elle détient plus de la moitié des sièges au conseil communautaire (ce qui est interdit), elle les voit diminuer pour respecter l'obligation législative.

En revanche, si la création regroupe des communes appartenant à deux EPCI à FP distincts, ce sont aux conseils municipaux de se prononcer en suivant la règle de la majorité qualifiée : « la moitié des conseils municipaux des communes inclus dans le périmètre de la commune nouvelle, représentant au moins la moitié de sa population, ont délibéré en faveur de son rattachement à un même établissement public de coopération intercommunale à fiscalité propre ». Ils émettent en réalité un souhait de rattachement, un vœu en quelque sorte. Ce choix n'est pas absolu, car il est subordonné à « l'avis de l'organe délibérant de l'établissement public de coopération intercommunale à fiscalité propre en faveur duquel les communes constitutives de la commune nouvelle ont délibéré, les organes délibérants des autres établissements publics de coopération intercommunale à fiscalité propre dont sont membres les communes constitutives de la commune nouvelle, ainsi que les conseils municipaux des communes membres de ces établissements ». Autant de consultations justifiées, selon Michel Verpeaux, pour « ne forcer la main ni des EPCI ni celle des communes membres qui verraient d'un mauvais œil l'arrivée d'une commune nouvelle susceptible de provoquer des déséquilibres au sein d'un ECPI, ne serait-ce que s'agissant de la composition de son organe délibérant »[346]. La procédure de rattachement demeure complexe, surtout lorsque le préfet garde un pouvoir d'opportunité sur le rattachement de la commune puisqu'il détient la compétence pour prononcer le rattachement. Il peut donc désapprouver la volonté de la commune nouvelle. En cas de désaccord ou d'avis négatif de l'EPCI, il doit consulter la CDCI sur son projet. Cette dernière peut confirmer le choix initial de la commune nouvelle à la majorité de deux tiers de ses membres. Les conditions sont toujours restrictives pour faire infléchir la volonté préfectorale. La CDCI a une liberté encadrée, subordonnée à cette majorité renforcée des deux tiers, pour appuyer la volonté communale ou infirmer les choix du préfet ou des EPCI.

[346] M. Verpeaux, « Commune nouvelle : cadre juridique », Encyclopédie des collectivités locales, Dalloz, folio n°205

Enfin, il est à noter l'absence de choix « si l'une des communes contiguës dont est issue la commune nouvelle est membre d'une communauté urbaine ou d'une métropole, un arrêté du représentant de l'État dans le département prononce le rattachement de la commune nouvelle à cette communauté urbaine ou à cette métropole ». Ce rattachement d'office vient neutraliser la liberté de la commune nouvelle pour adhérer à un EPCI. L'appartenance d'une seule commune à l'une de ces deux structures anéantit la liberté de choix. Cette disposition incarne la volonté du législateur de ne pas remettre en cause le caractère intégré de cette structure, voire de la renforcer, quant aux conséquences que l'on connaît sur la commune, avec ce système irréversible à l'intégration maximale.
Une nouvelle fois, le rôle de l'État est prégnant, le préfet de département prononce le rattachement et maîtrise la construction intercommunale sur son territoire par la possibilité de contredire le souhait de la commune nouvelle. Ce pouvoir coercitif du préfet est encadré par l'exigence de la saisine de la CDCI. Il s'agit d'une simple consultation à visée essentiellement procédurale, car il est difficile pour elle d'infléchir dans les conditions de majorité requises. La commune nouvelle n'est donc pas une politique publique au détriment de l'intercommunalité, en témoigne la survie de cette obligation d'adhésion. Elle constituerait certainement l'aboutissement de la réforme du bloc communal et la fin de l'opposition entre deux entités puisque pour Cécile Jibelli, « la constitution d'une commune nouvelle n'est pas une alternative à l'intercommunalisation, au contraire, c'est bien d'une commune plus forte au sein d'une intercommunalité

élargie qu'il s'agit »[347], par la création d'une relation équilibrée entre elle et son intercommunalité.

B/ Le rééquilibrage des relations au sein du bloc communal par la commune nouvelle

Les nombreuses réformes ont contribué à renforcer l'intercommunalité au détriment de la commune par une dépossession progressive et continue de leurs attributions. Un déséquilibre s'opérait entre elles et leur intercommunalité. La commune nouvelle permet d'imaginer la création d'une collectivité territoriale plus robuste et adaptée à l'organisation décentralisée. Une nouvelle forme de relation dans le bloc communal peut se créer, grâce à un rééquilibrage des pouvoirs et des compétences. Jacques Pélissard insiste sur le caractère complémentaire des deux structures et sur la nécessité de rééquilibrer des relations actuellement inégalitaires, par une redéfinition de « l'objet des structures intercommunales et de le positionner sur des actions structurantes ou stratégiques d'investissement et de développement, ce que malheureusement les réformes territoriales successives s'évertuent à nier »[348]. Elle ne constitue pas la fin de l'intercommunalité, bien au contraire, elle vient repositionner le rôle de chaque entité dans le bloc communal. Au regard du seuil minimal de 15.000 habitants constitutifs des EPCI à FP, la proximité est perdue en comparaison avec les premières intercommunalités des années 1990. La fusion de communes permet de retrouver

---

[347] C. Jibelli, *« La loi du 16 mars 2015 relative à l'amélioration du régime juridique de la commune nouvelle, pour des communes fortes et vivantes »*, JCP A, 2015, p.1

[348] V. Aubelle, *Les communes nouvelles*, op. cit., p. 10

une place en son sein, par une représentation renforcée et à terme par la possibilité d'exercer réellement ses compétences transférées en raison de son impossibilité à les exercer seule, à condition que son périmètre soit pertinent, d'où le ciblage opéré en 2015, avec un seuil à 1 000 habitants. Elle permet de limiter le sentiment de dévitalisation et de redevenir un maillon essentiel du bloc communal. Pour Vincent Aubelle, « la commune nouvelle, en réintroduisant le principe de subsidiarité, constitue la fondation d'une nouvelle architecture du bloc communal »[349], un nouvel équilibre se construit. Ce principe de subsidiarité serait la clé d'une nouvelle répartition des compétences au sein du bloc communal. Son origine est liée au droit communautaire et a été consacrée par le pouvoir constituant dérivé en 2003, à l'article 72 alinéa 2 de la Constitution du 4 octobre 1958 : « Les collectivités territoriales ont vocation à prendre les décisions pour l'ensemble des compétences qui peuvent le mieux être mises en œuvre à leur échelon ». Le principe est censé guider la répartition des compétences en les attribuant au niveau le plus pertinent pour les exercer et répondre aux besoins de la population. Il permet de favoriser le local. En réalité, il est inopérant. Une précision, la subsidiarité telle que consacrée par la Constitution s'applique uniquement aux collectivités territoriales, les EPCI de fait sont exclus, mais on pourrait le considérer comme tel au regard de la similitude qui s'opère dans la définition de collectivité territoriale et d'établissement public territorial. Dans les faits, rien n'empêche de suivre ce principe censé irriguer les politiques territoriales, notamment avec la création des

[349] V. Aubelle, « La commune nouvelle, repenser l'intercommunalité », AJCT 2014, p. 520

communes nouvelles. Ce rééquilibrage du rôle et de la place de chacun dans l'intercommunalité peut devenir une réalité si et seulement si les communes arrivent à atteindre une taille raisonnable pour être en mesure d'exercer leurs compétences. Avec cette taille adéquate, une nouvelle répartition des compétences pourrait être réalisée au sein du bloc communal par la restitution de nombreuses compétences à la commune, puisque l'intercommunalité ne serait justifiée à les exercer dès lors que la commune est en capacité de les exercer elle-même, comme la voirie, la petite enfance, par exemple. De plus, le législateur doit limiter la possibilité de recours à un syndicat de communes. Une telle hypothèse serait un non-sens.

Le fonctionnement du bloc communal serait moins rigide par un partage équitable d'attributions. Cette hypothèse permettrait de mettre fin aux critiques adressées à l'intercommunalité pour doter les communes de compétences qu'elles peuvent concrètement exercer. Une dynamique collective et complémentaire aurait lieu au sein du bloc communal. Cette solution serait une réelle nouveauté dans l'organisation du bloc communal, à rebours du système intégratif dont a fait preuve avec constance le législateur depuis plus de trente ans au profit de l'intercommunalité. Un tel propos est ici théorique, car la restitution de compétences ne peut être opérée uniquement sur le fondement des compétences facultatives, tel que vu précédemment. Les compétences obligatoires conséquentes ne sont pas récupérables (partiellement sous forme de délégation pour une partie d'entre elles), ni sécables. Il est impossible pour les communes de les exercer à la carte, contrairement à une partie de la volonté sénatoriale lors des débats en 2019 ou de nombreux sénateurs souhaitaient

conférer une liberté dans l'organisation du bloc communal (y compris pour le bloc obligatoire).
Ce renforcement de la commune dans son EPCI par la fusion ne peut avoir lieu actuellement que par une meilleure représentativité au sein de l'organe délibérant et une redistribution des compétences facultatives, c'est-à-dire à la marge. À terme, il s'agit d'une façon de rééquilibrer les relations en conférant aux EPCI uniquement des compétences structurantes, techniques telles que l'aménagement du territoire, l'environnement et le développement économique et aux communes le reste, dans une logique de subsidiarité. Une généralisation de cette réorganisation des relations ne pourra avoir lieu que lorsque l'État s'emparera véritablement du sujet de la fusion de communes pour que l'intercommunalité soit moins subie et les communes réellement revalorisées en son sein. Les communes possèdent les outils juridiques pour se renforcer au sein du bloc communal : à elles de s'en saisir. À moins que l'avenir du bloc communal ne soit plus la dichotomie des structures par la mise en œuvre d'une structure unique, celle-ci relève pour l'instant de l'utopie.

Paragraphe 2 : L'utopie d'une structure unique au sein du bloc communal

La véritable réforme du bloc communal serait probablement la mise en place d'une structure unique. En effet, l'intercommunalité est considérée comme une méthode douce pour préparer les fusions de communes par le travail en commun et la dépossession progressive des compétences communales à son profit. Actuellement, la fin de la dualité du bloc communal relève de l'utopie, même si la mutation de l'EPCI à FP en collectivité territoriale en lieu et place des communes pourrait correspondre à l'objectif initial de ses créateurs. La commune-communauté créée récemment correspond à cet idéal type à atteindre pour achever l'organisation du bloc communal (A), bien que le modèle intercommunal persiste (B).

A/ L'achèvement de l'organisation du bloc communal par l'idéal type de la commune-communauté

Une commune nouvelle peut être instituée à partir de toutes les communes membres d'un même EPCI à FP, laquelle « emporte également suppression de l'établissement public de coopération intercommunale à fiscalité propre dont étaient membres les communes intéressées »[350]. De fait, elle acquiert le statut de commune isolée, incompatible avec l'obligation de rattachement à l'intercommunalité prévue à l'article L. 2113-5 du CGCT. Cette commune doit adhérer à un nouvel EPCI à FP, conformément aux dispositions issues de la loi RCT. Lorsque le préfet constate l'existence d'une commune isolée, il doit prendre un arrêté de projet de rattachement, et se déroule une procédure de consultation relativement conséquente, énoncée à l'article L 5210-1-2 du CGCT, pour aboutir au rattachement.

Or, depuis la loi Gatel est institué un nouveau statut, la commune-communauté (article L. 2113-9 CGCT), créant une exception à l'interdiction de la commune isolée, par la non obligation d'adhérer à un EPCI à FP. En effet, « les conseils municipaux intéressés peuvent demander que la future commune nouvelle sans appartenir à un établissement public de coopération intercommunale à

350 CGCT, art. L. 2113-2

fiscalité propre dispose des mêmes prérogatives et soit soumise aux mêmes obligations que celles que la loi attribue ou assigne directement à un tel établissement ». Ce régime n'est pas si simple à mettre en œuvre : il n'est pas de droit, car subordonné à la volonté des deux tiers des conseils municipaux, représentant les deux tiers de la population. Le choix de cette particularité dans l'organisation du bloc communal n'a lieu qu'à l'occasion de la volonté de se transformer en commune nouvelle. Ce choix est irréversible, dès lors que cette commune communauté adhère à une intercommunalité. Ce cadre juridique strict vise à ne pas remettre en cause les équilibres territoriaux. Ainsi, les communes lors du lancement de la procédure doivent se saisir de cette opportunité, par laquelle une intercommunalité peut se transformer en collectivité territoriale par l'intermédiaire de la commune nouvelle et se trouver dispensée d'une obligation de rattachement. En revanche, il n'est pas interdit qu'ultérieurement elle décide d'adhérer à un EPCI à FP, selon la procédure de droit commun. Une disposition dont l'idée n'est pas totalement novatrice, puisque lors des débats de la loi Pélissard, des parlementaires souhaitaient déjà que la constitution d'une commune nouvelle sur la base de la transformation d'un EPCI soit exempté de rattachement, jusqu'en 2021 (date de révision des SDCI)[351]. Finalement, jusqu'en 2019 les communes nouvelles de ce type avaient l'obligation de se rattacher dans les années suivant sa création pour ne pas s'exonérer d'une obligation d'adhésion[352]. Les parlementaires ont estimé à l'époque que la commune nouvelle ne devait aucunement être une manière de

---

[351] Jacques Pélissard, séance publique, Assemblée nationale, 31 octobre 2014

[352] L'ancien article L. 2113-9 prévoyait un délai maximum de deux ans

contourner l'intercommunalité. Une option est ouverte au moment de cette transformation en commune nouvelle : soit la commune continue à consolider l'intercommunalité, soit elle constitue une forme d'achèvement de la réforme du bloc communal, avec la restitution des compétences communales à une seule et unique entité : la commune-communauté. L'intercommunalité est donc vue comme un préalable à la fusion de communes par la dispense d'adhésion. Elle disparaît une fois les communes regroupées en nombre suffisant au profit d'une nouvelle.

La loi Gatel ouvre une logique novatrice dans l'organisation du bloc communal, car elle ne se fonde plus uniquement sur le seul objectif de rattachement, elle « ébranle la vision organique de l'intercommunalité »[353]. Dès lors qu'une commune atteint un seuil de population pertinent, suffisant, c'est-à-dire qu'elle est censée remplir les conditions de 15.000 habitants de la loi NOTRe[354], elle est en mesure d'exercer l'entièreté des compétences du bloc communal, d'où la non adhésion et la transformation de l'EPCI en collectivité territoriale. Cette forme de commune nous rappelle que le véritable sujet est le nombre d'habitants d'une commune pour qu'elle soit en capacité financière et technique d'exercer réellement ses compétences sur un périmètre cohérent. Une telle condition est satisfaite par la politique de rationalisation de l'intercommunalité. Elle permet de justifier l'existence de cette commune isolée. Pour Jean-Gabriel Sorbara, cette mesure est justifiée « pour éviter la double perte d'autonomie : pour la commune

[353] V. Aubelle, « Focus sur la commune-communauté », AJCT 2019, p.560

[354] CGCT, art. L. 5210-1-1, dérogation au seuil de 15 000 habitants, avec tolérance d'un seuil minimal à 5 000 habitants si les communes se situent en zone de montagnes, ou peu dense démographiquement

nouvelle et le rattachement à l'EPCI »[355]. Concrètement, il semble que cette politique de la commune-communauté relève de l'utopie, elle est assez difficile à généraliser pour représenter l'aboutissement de la réforme du bloc communal, dans un contexte ou la loi NOTRe, et les SDCI issus de ses préconisations ont abouti à la création de vastes intercommunalités : 1.254 EPCI à FP, environ 28 communes, pour 54.740 habitants en moyenne[356]. Rares sont les cas de transformations d'un EPCI en commune nouvelle. Au 1er janvier 2017, 26 communes avaient été créées sur la base des périmètres intercommunaux, généralement en réponse aux exigences de la loi NOTRe. Il s'agit de fusion défensive[357]. Suite à la politique de rationalisation de l'intercommunalité, il parait peu vraisemblable de percevoir un réel engouement pour ce type de fusion de procédure. Par exemple, il est peu probable que la communauté d'agglomération Loire Forez (87 communes et 113.000 habitants), ou encore l'agglomération du Pays basque (158 communes et 315.195 habitants) optent pour cette voie-là. Cette formule peut principalement être mise en œuvre dans les intercommunalités au périmètre cohérent, limitées à un faible nombre de communes et à une population raisonnable, laquelle crée un cadre communal pertinent et de proximité, en lien avec les interactions sociales et les besoins des habitants. L'IGA préconise d'en faire l'objectif des futures réformes et « d'élargir les possibilités de création de commune-communauté [...] à partir de tout ou partie d'un EPCI », et non de l'intégralité pour éviter un

[355] JG. Sorbara, « Les commune nouvelles », op. cit.

[356] Chiffres DGCL, 2023

[357] V. Aubelle, Panorama des communes nouvelles, Association des maires de France, 2017, p. 94

éloignement, pour gagner en proximité[358]. Une réforme législative pourrait être nécessaire pour favoriser son développement sur la base d'une partie d'un EPCI à FP existant. En réalité, elle viserait les communautés de communes en constituant « une opportunité pour les petites communes qui gagneraient certainement en autonomie au sein d'une commune nouvelle délivrée des nombreuses contraintes d'une adhésion obligatoire »[359], une réponse à leurs attentes, si et seulement si est constitué un cadre cohérent pour la restitution des compétences. Cette disposition permet de revenir à l'objectif initial de la loi Marcellin, sans création d'une structure supplémentaire comme chez nos voisins européens. L'avenir permettra de savoir si cette commune-communauté est l'avenir et la finalité des évolutions du bloc communal. Pour l'instant, elle relève d'un idéal, puisque le phénomène intercommunal persiste.

B/ La dualité du bloc communal par la persistance de l'intercommunalité

La commune-communauté par la transformation d'une intercommunalité en commune nouvelle constitue le modèle final à atteindre, même s'il parait assez incertain que le territoire de la République soit recouvert par ce type de commune, alors qu'elle simplifierait l'organisation du bloc communal par la clarté qu'elle procure avec une structure unique. L'heure est pour l'instant à la dualité par la persistance de l'intercommunalité. En effet, comme vu précédemment, malgré l'apparition des communes

[358] Rapport IGA , Op. Cit., p.66

[359] JG. Sorbara, « Les petites communes », Mélanges Verpeaux, op. cit., p. 710

nouvelles, le principe reste le rattachement à l'intercommunalité, pour ne pas obérer les acquis d'une politique menée avec constance et fermeté depuis une trentaine d'années. Pourtant, le contexte est à la revitalisation de la commune en son sein, par l'intermédiaire de dispositifs relatifs à la gouvernance ou aux compétences. Cependant, la commune nouvelle semble être à terme l'élément fondamental pour une meilleure représentativité et répartition des compétences dans le bloc communal. Cette persistance doit s'apprécier à l'aune des dernières réformes, lesquelles réintroduisent plus de liberté et de souplesse dans les relations communes-intercommunalités. Ce rééquilibrage marginal au profit de la commune ne pourra être réellement effectif que si toutes les communes atteignent une taille suffisante pour une restitution de compétences effectives et une réelle complémentarité entre les deux structures.

Paradoxalement, l'opposition entre les deux composantes du bloc pourrait être renforcée par deux projets. Officiellement suspendus, ils irriguent les réflexions des pouvoirs publics : la mise en œuvre du suffrage universel direct (actuellement reporté), et la transformation en collectivité territoriale. Sur ce dernier point, alors même qu'elle s'y apparente juridiquement, l'intercommunalité reste un établissement public selon la qualification législative et le souhait d'une transformation en collectivité territoriale est prégnant. Le rapport Balladur prévoyait la création de huit métropoles élues au suffrage universel direct : une mesure sans cesse repoussée, comme l'élection dans le cadre d'un scrutin propre (abrogée en 2019). En revanche, elle peut l'acquérir par la forme de collectivité à statut particulier au sens de l'article 72 de la Constitution du 4 octobre 1958. La Métropole de Lyon en est l'illustration. Ou soit par sa transformation en commune nouvelle ou commune-communauté. Ce débat semble pour l'instant être reporté pour une durée indéterminée.

Malgré la persistance de l'intercommunalité, les réformes successives du bloc communal ont abouti à une organisation plurielle, à la fois de la commune, puis de l'intercommunalité. Le bloc communal ne correspond pas à une relation unique sur tout le territoire entre une commune et une intercommunalité, mais à une multitude de relations pour s'adapter aux spécificités locales. En effet, l'organisation de la commune emprunte de multiples formes : les communes sont difficilement comparables aujourd'hui, tant sur l'organisation qu'elles empruntent, que sur ses compétences, tout comme les EPCI à FP. Une pluralité qui rompt avec l'idée issue de la Révolution française de rationalité et de simplicité dans l'organisation administrative territoriale. La liberté conférée par le législateur, sans exclure les nombreux recours à la contrainte, ont abouti à cette complexité pour tenter de s'adapter au mieux au territoire.

Conclusion

L'incertitude vient caractériser l'avenir du bloc communal, particulièrement à l'égard de la commune. Les nombreuses réformes ont fortement affaibli la place de la commune dans l'action publique décentralisée, avec une libre volonté dans la construction de l'intercommunalité de projet et des compétences réduites à néant. Elle en ressort marginalisée, avec une survie de la commune qui tend à devenir symbolique, alors même que l'objectif initial de diminution du nombre de communes était censé les rendre plus fortes. Pour maîtriser l'organisation territoriale de la République, l'État peine entre liberté, incitation et autorité à trouver la méthode la plus adéquate pour parvenir à la finalité initiale. Dès lors, le devenir de la commune suscite de nombreuses interrogations face à l'avènement d'une collectivité territoriale en devenir[360]. Une concurrence s'est installée progressivement entre les deux entités du bloc communal aux légitimités distinctes. La réforme du bloc communal semble aujourd'hui être dans une impasse, en raison d'une vision incertaine des pouvoirs publics. Après pratiquement trente années de valorisation de la politique intercommunale au détriment de la commune, un temps d'arrêt est marqué depuis 2019, sans venir obérer les acquis. Il s'agit avant tout d'une pause, plus qu'un retour en arrière en faveur des communes. En effet, le gouvernement a souhaité répondre aux critiques des maires sur le renversement de la logique institutionnelle qui traverse le bloc communal et la marginalisation avérée. Une nouvelle période du couple commune-intercommunalité s'ouvre puisque la revalorisation de la commune est opérée au sein du bloc communal et non à l'extérieur comme pouvaient

[360] A. de Laubadère, op. cit.

l'espérer les élus locaux. L'intercommunalité n'est plus supposée être subie par les communes, elles doivent redevenir les acteurs de son fonctionnement quotidien grâce à la mise en place d'une souplesse dans la gouvernance, la répartition et l'exercice des compétences entre les deux entités. Ces mesures en faveur d'un renouveau communal illustrent le dilemme des pouvoirs publics : favoriser l'acceptation de la coopération intercommunale sans la remettre en cause, même si les instruments développés ont une portée assez symbolique. Chacune des communes de France a la possibilité de créer une relation singulière avec son intercommunalité. Une logique de différenciation territoriale s'affirme. L'organisation du bloc communal tend à devenir singulière, en fonction des volontés communales et de l'EPCI à FP de rattachement.

Dès lors, cette coexistence des deux entités est renforcée par le choix fait du «*statu quo*»[361] par l'État pour satisfaire les acteurs locaux, sans réellement choisir entre les deux visions du bloc communal, tant qu'il s'évertue à ne pas conférer l'élection au suffrage universel direct aux EPCI à FP. Pourtant, dans une logique de réduction du millefeuille administratif typique de notre organisation administrative, l'une des deux structures devrait à terme disparaître, comme l'atteste l'idéal à atteindre incarné par la « commune-communauté ». Elle est la traduction de la finalité initiale de l'intercommunalité de projet, où la commune nouvellement créée sur ses bases peut s'émanciper de l'obligation de rattachement et retrouver sa pleine liberté. Cependant, elle ressort de l'utopie en raison de l'étendue des périmètres intercommunaux issue des

---

[361] M. Douence, « La confortation du statut quo de la coopération intercommunale ou beaucoup de bruit pour rien », RFDA 2020, p. 223

politiques de rationalisation sans lien avec les bassins de vie, à l'heure où les administrés demandent une proximité dans l'action publique.

L'opposition et le choix entre les deux composantes du bloc communal semble être un débat désuet tant la disparition concrète de la commune au profit de l'intercommunalité semble improbable. Dans l'immédiat, seul un rééquilibrage des relations au sein du bloc communal pourrait avoir lieu pour revitaliser la place de la commune. La véritable relance de la commune nouvelle à l'échelle nationale [362] constituerait le support de cette politique de parachèvement du bloc communal. Dès lors qu'elle atteint une taille suffisante pour exercer réellement ses compétences, elle pourrait se voir restituer des attributions, dans une logique de subsidiarité et de complémentarité avec l'intercommunalité. Cette dernière serait dotée des seules compétences stratégiques. À cette fin, le rapport de l'IGA préconise la création d'une commission départementale des coopérations territoriales (CDCT), laquelle se substituerait au CDCI « pour débattre des évolutions institutionnelles du bloc communal » et donnerait lieu à un schéma de coopération[363] visant à réformer dans l'ensemble le bloc communal dans chaque département, et pas chaque structure prise isolement. Le représentant de l'État dans le département serait chargé de le mettre en œuvre, malgré l'absence d'un caractère prescriptif du document. Des incitations financières pourraient être bienvenues en complément d'une feuille de route dressée par l'État, afin de cibler les communes à réformer. Cette vue d'ensemble pourrait être souhaitable

[362] Sur le modèle développé en 2015

[363] Rapport IGA, op. cit., p.62

pour achever la mutation du bloc communal dans une perspective qualitative et non quantitative, symbolisée par la course au rattachement ou à la fusion de communes sans cadre pertinent. Avec une réorientation de l'action de chacune des deux entités, la cohérence et l'efficacité du bloc communal seraient retrouvées. Un tel choix permettrait de réellement revaloriser la commune face à l'intercommunalité.

Les atermoiements de l'État à l'égard du bloc communal peuvent également se retrouver dans le couple région-département avec sa volonté de réformer la carte départementale dans un contexte de régionalisation des politiques publiques. Eux aussi sont présentés comme inadaptés à notre organisation territoriale par l'utilisation d'arguments peu ou prou similaires. En témoigne le projet de conseiller territorial avorté, l'annonce de leur suppression[364] reportée et la diminution drastique de leurs compétences depuis la loi NOTRe. Ils sont relégués. La méthode de l'État oscille entre inertie, incitation et autoritarisme pour un résultat peu perceptible, si ce n'est la complexification, l'illisibilité et l'enchevêtrement de l'action publique locale. L'organisation décentralisée de l'État est en constante évolution par de nombreuses lois, parfois contradictoires et des hésitations nombreuses tant sur les objectifs à atteindre que la méthode à employer. Le bloc communal dans son évolution n'y échappe pas et la commune bien que sauvegardée par l'intercommunalité forcée voit son avenir s'écrire en pointillé. Pour exister, il ne reste plus qu'aux communes, en complément d'une

---

[364] F. Hollande, tribune PQR, op. cit.

réelle vision étatique à s’emparer de ce cadre juridique perfectible, pour maîtriser sa destinée et à terme retrouver un rôle prépondérant au sein du bloc communal.

Bibliographie

Ouvrages :

V. Aubelle, *Les communes nouvelles*, Berger Levrault, 2016

M.-C. Bernard-Gélabert, *L'intercommunalité*, LGDJ, 2007

M. Bourjol (dir), *La commune, l'Etat et le droit*, LGDJ, 1990

J. Caillosse (dir.), *Intercommunalité, invariance et mutations du modèle communal*, PU Rennes, 1999

N. Chifflot, M. Tourbe, *Droit administratif*, Sirey, 18 ème édition, 2022

N. Dantonel-Cor (dir.), *L'avenir de l'intercommunalité après les réformes récentes*, PU Nancy, 2000

T. Di Manno et A. Le Quinio (dir.), *Quelle(s) commune(s) pour le XXI ème siècle ?*, Harmattan, 2019

B. Faure, *Droit des collectivités territoriales*, Dalloz, 6ème édition, 2020

J. Ferstenberg, F. Priet et P. Quilichini, *Droit des collectivités territoriales*, Dalloz, 2016

N. Kada, *Dictionnaire encyclopédique de la décentralisation*, Berger Levrault, 2017

E. Kerrouche, *L'intercommunalité en France*, Montchrestien, 2008 J.-F. Lachaume, *La commune*, LGDJ, 3 ème édition, 2007

H. Oberdoff, N. Kada, *Institutions administratives*, Sirey, 2019, 9 ème édition

J. Petit et P-L. Frier, *Droit administratif*, LGDJ, 16ème édition, 2022

P. Sadran, *Le système administratif français*, Montchrétien, 1997 Turgot, *Mémoire sur les municipalités*, 1775

P. Villard, *Histoire des institutions publiques de la France*, Dalloz, 2020, 11ème édition

M. Verpeaux, *Les collectivités territoriales*, Dalloz, 6ème édition, 2020

M. Verpeaux et L. Janicot, *Droit des collectivités territoriales*, LGDJ, 2ème édition, 2021

Etudes et rapports :

Cour des comptes, *Rapport public particulier, « L'intercommunalité en France »*, novembre 2005

Cour des comptes, *Rapport public thématique, Fascicule 2, Rapport sur la situation financière et la gestion des collectivités territoriales et de leurs établissements*, octobre 2022

Cour des comptes, *Rapport public annuel « La décentralisation 40 ans après »*, mars 2023

Inspection générale de l'administration, *Les communes nouvelles, un bilan décevant, des perspectives incertaines*, juillet 2022

Rapport de la commission de développement des responsabilités locales, *Vivre ensemble*, septembre 1976

Rapport du comité pour la réforme des collectivités locales, *Il est temps de décider*, mars 2009

Y. Kratinger, J. Gourault, *Rapport d'étape sur la réorganisation territoriale*, n°264, 2009

Y. Kratinger, J. Gourault, *Rapport d'information sénatorial : faire confiance à l'intelligence territoriale*, n°471, 2009

B. Questel, R. Schellenberger, *Rapport d'information (...) en conclusion des travaux d'une mission d'information sur l'évaluation de l'impact de la loi n° 2015-991 du 7 août 2015 relative à la nouvelle organisation territoriale de la République (loi NOTRe)*, décembre 2019

Préfecture de Lot-et-Garonne, Schéma Départemental de Coopération Intercommunale, 2 mai 2011

Articles :

V. Aubelle, « Une ambition dévoyée ou les perspectives quant aux usages à venir du SDCI », AJCT 2012, p. 144
V. Aubelle, « La commune nouvelle, repenser l'intercommunalité », AJCT 2014, p. 520
V. Aubelle, « Focus sur la commune-communauté », AJCT 2019, p. 560
A. Aveline, « Intercommunalité : la réforme continue », AJCT 2014, p. 426
F. Baroin, «Réforme territoriale : point de vue de l'Association des maires de France, La véritable réforme territoriale viendra du terrain», AJCT 2015, p. 182
F. Boulay, « Loi Engagement et proximité : consécration de la pratique du pacte de gouvernance entre communes et intercommunalité », AJCT 2020, p. 76
S. Bourel, « L'évolution de la jurisprudence administrative sur l'intercommunalité », in L'avenir de l'intercommunalité après les réformes récentes, PU de Nancy, 1999, p. 77
M. Bourjol, « L'intercommunalité, réflexions autour d'un mythe », in Mélanges Auby, Dalloz, 1992, p. 390
J-F Brisson, « L'Etat, grand architecte du local. Analyse juridique du projet de réforme territoriale », Pouvoirs locaux, n°83, 2009, p.85
J-F. Brisson, « Me bloc communal : recoller les morceaux et préserver l'essentiel », RFDA 2020, p. 214
J. Chapuisat, « Bilan de cinq années d'urbanisme communal », AJDA 1989, p.105
C. Chevilley-Hiver, « L'opposition intercommunale », in Mélanges Verpeaux, Dalloz, 2020

P. Combeau, « Un préfet peut s'opposer à une défusion de communes malgré le succès de la consultation des électeurs », ADJA 2014, p. 348
P. Combeau, « Intercommunalité, communes nouvelles et libre-administration des collectivités territoriales », AJDA 2017, p. 350
N. Dantonel-Cor, « Le contenu de la réforme sur l'intercommunalité », in Quelle intercommunalité après les réformes récentes, PU de Nancy, 1999
C. Debouy, « La fin programmée des communes ? », in Mélanges Lachaume, Dalloz, 2007, p. 338
M. Degoffe, « Le renforcement et la simplification de la coopération intercommunale, chronique de législation », AJDA 1999, p. 911
M. Degoffe, « L'avenir du couple commune-intercommunalité », AJDA 2013, p. 1335
M. Degoffe, « Les nouvelles intercommunalités », RFDA 2016, p. 481
A. De Laubadère, « Vicissitudes actuelles d'une distinction classique : établissement public et collectivité territoriale. A propos des groupements de collectivités territoriales », in Mélanges Couzinet, PU Toulouse, 1974, p. 411
M. Douence, « La confortation du statut quo de la coopération intercommunale, ou beaucoup de bruit pour rien ? », RFDA 2020, p. 223
E. Fatôme, « A propos du rattachement des établissements publics », in Mélanges en l'honneur de Jacques Moreau, 2002, p. 140
B. Faure, « L'évolution des compétences des communes françaises », in Quelle(s) commune(s) pour le XXI ème siècle, 2019
B. Faure, « La commune : le retour », AJDA 2020, p. 557

N. Ferreira, « Loi Engagement et proximité : qui gagne perd ? De la valorisation des maires... aux depens des communes », AJCT 2020, p. 224
N. Font, « Réforme territoriale – Retour sur cinq ans de réforme de l'intercommunalité », AJCT 2016, p. 68
F-X. Fort, « Coopération intercommunale et libre-administration », Droit administratif n°2, février 203, chronique 4
C. Jibelli, « La loi du 16 mars 2015 relative à l'amélioration du régime juridique de la commune nouvelle, pour des communes fortes et vivantes », JCP A, 2015, p. 1
N. Kada, « Les communes nouvelles, vous avez dit nouvelles ? », RFAP 2017, n° 162, p. 267 J-F. Lachaume, « Des intercommunalités renforcées », AJDA 2015, p. 1905
J-F. Lachaume, « Le renforcement de la démocratie intercommunale », AJDA 2018, p. 1370
M. Le Roux, « La loi du 16 mars 2015 : un second souffle pour les communes nouvelles », AJDA 2015, p. 1266
M. Letanoux, « Quelle intercommunalité après la loi 3DS ? », AJCT 2022, p. 244
B. Luisin, « Les raisons de la loi Chevènement », in Quelle intercommunalité après les réformes récentes, PU de Nancy, 1999
G. Marcou, « L'Etat et les collectivités territoriales : où va la décentralisation ? », AJDA 2013, p. 1556
J. Martin, « La recherche d'une définition juridique de la commune », in Quelle(s) commune(s) pour le XXI ème siècle, l'Harmattan 2019, p.77
J. Montain-Domenach, « Principe de libre-administration et intercommunalité : transition et incertitudes », Cahier du Conseil constitutionnel, n°12, mai 2002
P. Mozol, « Les collectivités territoriales et les établissements publics de coopération intercommunale à

fiscalité propre ou les vicissitudes d'une distinction en voie d'effondrement théorique », RFDA 2016,
p. 1133
B. Pacteau, « Si et comment un préfet peut décider une fusion de communes malgré l'échec de la consultation des électeurs », JCP Adm. 2010, n° 2377
J-M. Pontier, « La commune exception administrative territoriale », AJDA 2020, p.1945
L. Regairaz, « La démocratisation des établissements publics de coopération intercommunale à fiscalité propre », AJCT 2021, p. 585
C. Regourd, « Libre administration et intercommunalité », AJDA 2018, p. 2327
J-C. Ricci, « La problématique de l'intercommunalité », RGCT, janvier-février 2000, p. 4
H. Roussillon, «La mort des communes ?», in Mélanges Couzinet, PU Toulouse, 1974, p.671
F. Sempé, « Question prioritaire de constitutionnalité et intercommunalité », in Mélanges P. Bon, Dalloz 2014, p. 593
F. Sempé, « La décision commune de Salbris : des effets à neutraliser », AJDA 2014, p. 2360
F. Sempé, « Le choix du nom d'une commune nouvelle revient toujours au préfet », AJDA 2022, p. 2478
J-G. Sorbara, « Les petites communes », in Mélanges Verpeaux, Dalloz, 2020
J-G. Sorbara, « Les communes nouvelles (loi du 1er août 2019) », RFDA 2020, p. 1
E. Sorbet, « Elections 2014 et intercommunalités : les nouveautés à maîtriser », AJCT 2014, p. 28
M. Troper, « La libre administration des collectivités territoriales », in J. Moreau et G. Darcy, Economica-Puam, 1984, p. 55

M. Verpeaux, « L'émergence d'un droit constitutionnel de l'intercommunalité », JCP A 2014, p. 2274
M. Verpeaux, « Rapport introductif », in Quelle(s) commune(s) pour le XXI ème siècle, 2019, p. 12
M. Verpeaux, « Une nouvelle loi pour les communes nouvelles », AJDA 2019, p. 2613
M. Verpeaux, « Du nouveaux pour les communes nouvelles ? », AJCT 2023, p. 189

Articles de presse :

R. Schittly, « Les communes de la métropole de Lyon poursuivent leur fronde contre l'exécutif écologiste », Le Monde,17 septembre 2021
S. Maurice, « L'intercommunalité, un premier rôle discret », Libération, 10 février 2020
R. Schtilly, « Les communes poursuivent leur fronde contre la métropole de Lyon », Le Monde, 17 septembre 2021
B. Floc'h, « L'eau, enjeu de bataille pour les conseils municipaux », Le Monde, 6 mars 2023
A. Négroni, « C'est une aberration ces communes fusionnées qui réclament le divorce », Le Figaro, 19 juin 2023

Sites internet :

Association des maires de France : https://www.amf.asso.fr/
Intercommunalités de France : https://www.intercommunalites.fr/
DGCL : https://www.collectivites-locales.gouv.fr/
La gazette des communes : https://www.lagazettedescommunes.com/

Table des matières

Structures éditoriales du groupe L'Harmattan

L'Harmattan Italie
Via degli Artisti, 15
10124 Torino
harmattan.italia@gmail.com

L'Harmattan Hongrie
Kossuth l. u. 14-16.
1053 Budapest
harmattan@harmattan.hu

L'Harmattan Sénégal
10 VDN en face Mermoz
BP 45034 Dakar-Fann
senharmattan@gmail.com

L'Harmattan Cameroun
TSINGA/FECAFOOT
BP 11486 Yaoundé
inkoukam@gmail.com

L'Harmattan Burkina Faso
Achille Somé – tengnule@hotmail.fr

L'Harmattan Guinée
Almamya, rue KA 028 OKB Agency
BP 3470 Conakry
harmattanguinee@yahoo.fr

L'Harmattan RDC
185, avenue Nyangwe
Commune de Lingwala – Kinshasa
matangilamusadila@yahoo.fr

L'Harmattan Congo
219, avenue Nelson Mandela
BP 2874 Brazzaville
harmattan.congo@yahoo.fr

L'Harmattan Mali
ACI 2000 - Immeuble Mgr Jean Marie Cisse
Bureau 10
BP 145 Bamako-Mali
mali@harmattan.fr

L'Harmattan Togo
Djidjole – Lomé
Maison Amela
face EPP BATOME
ddamela@aol.com

L'Harmattan Côte d'Ivoire
Résidence Karl – Cité des Arts
Abidjan-Cocody
03 BP 1588 Abidjan
espace_harmattan.ci@hotmail.fr

Nos librairies en France

Librairie internationale
16, rue des Écoles
75005 Paris
librairie.internationale@harmattan.fr
01 40 46 79 11
www.librairieharmattan.com

Librairie des savoirs
21, rue des Écoles
75005 Paris
librairie.sh@harmattan.fr
01 46 34 13 71
www.librairieharmattansh.com

Librairie Le Lucernaire
53, rue Notre-Dame-des-Champs
75006 Paris
librairie@lucernaire.fr
01 42 22 67 13

www.ingramcontent.com/pod-product-compliance
Lightning Source LLC
LaVergne TN
LVHW011023061026
849535LV00006B/2024
* 9 7 8 2 3 3 6 4 7 6 2 2 3 *